驾驭细节

金小林 著

新闻内容如何把关？

浙江工商大学出版社
杭州

图书在版编目(CIP)数据

驾驭细节:新闻内容如何把关? / 金小林著. —
杭州:浙江工商大学出版社, 2021.9
ISBN 978-7-5178-4609-3

Ⅰ. ①驾… Ⅱ. ①金… Ⅲ. ①新闻工作—研究 Ⅳ.
①G21

中国版本图书馆 CIP 数据核字(2021)第 155966 号

驾驭细节——新闻内容如何把关?

JIAYU XIJIE——XINWEN NEIRONG RUHE BAGUAN?

金小林　著

出 品 人	鲍观明
策划编辑	沈　娴
责任编辑	孟令远
封面设计	王妤驰
责任印制	包建辉
出版发行	浙江工商大学出版社
	(杭州市教工路198号　邮政编码310012)
	(E-mail:zjgsupress@163.com)
	(网址:http://www.zjgsupress.com)
	电话:0571-88904980,88831806(传真)
排　　版	杭州朝曦图文设计有限公司
印　　刷	杭州高腾印务有限公司
开　　本	710mm×1000mm　1/16
印　　张	15.75
字　　数	204千
版 印 次	2021年9月第1版　2021年11月第2次印刷
书　　号	ISBN 978-7-5178-4609-3
定　　价	68.00元

一个新闻人的匠心和情怀

今年年初，我在微信上意外收到只有一面之缘的丽水日报社的金小林同志留言，邀请我为他新近撰就的新闻采编心得文集《驾驭细节——新闻内容如何把关?》写一篇序。小林同时发来了其时已经大体成形的10多万字的文稿，诚意和信任溢满字里行间。

我虽然是一个新闻与传播学院的教授，但我的日常教研更多偏传播，而非新闻。除了学生时代作为学生记者给《新清华》写过一些报道，我几十年来并无像样的新闻实务训练。但我深信叙事的力量，对文字有直觉上的敏感性，并把写作看作我们与这个世界进行沟通和对话的最可靠方式。作为一个传播学者，我深知人们对世界和事件的认知，其实是以各种叙事——特别是天然具有"权威性"光环的新闻叙事——为中介的。媒体记者对特定事件的叙事框架和措辞，会深深影响我们对所谓"事实"的认识。

小林的书稿不长，由大约30篇心得文章组成。更重要的是，每一篇文章都是问题导向的，开门见山，立论明确，论据和例子鲜活而接地气，可读性和学理性俱佳。读罢全稿，我对作者作为一个新闻人的匠心和情怀肃然起敬。

这里对书中所论的采编之道略引一二。

如作者对新闻报道中因为缺乏大局观或对舆论气候把握不准而出现的新闻"负读"现象(见《谨防新闻"负读"现象》)的解析,层次清晰,对篇章整体立意、局部段落、个别措辞乃至图片"负读"现象,结合具体案例,进行多层次、多角度的剖析。"负读"现象不禁让我想到传播效果研究中的"意外效果"(unintended effects),体现了文化产品消费中"编码/解码"(encoding/decoding)对应关系的不确定性,即读者对文本生产者的内容可能进行另类解读,特别是当有其他促发因素存在时。

在讨论新闻采编中的"权威"盲信现象时(见《不可盲目相信"权威"》),作者通过一系列亲身经历的生动案例,来说明并不是所有专业人士所说的话、来自权威材料和权威渠道的说法,都是严谨和经得起考验的,记者和编辑在任何时候都不能放弃自身的专业判断和"事实核查"的职业习惯。作者的观点由此呼之欲出:盲信"权威",本质上是记者和编辑的"懒政"和不作为。

在《警惕"背书式"报道》一文中,作者剖析了"用媒体的权威和公信力替报道对象背书"这类现象的主客观原因。媒体,特别是党报,因为其自带"公信力"光环,而容易成为某些个人、政府部门和单位为达到某种目的而进行的策略性公关的诱捕对象。也正因为如此,记者和编辑在进行选题把关时,守土有责,因为"背书式"报道一旦刊发,"轻则被人拿着'当枪使',重则惹来官司上身,增添不必要的麻烦",所谓兹事体大。而要避免落入报道对象有意无意所铺设的"陷阱",记者和编辑必须提高自身的政治站位和专业素养。

　　上述所引论题，不过本书30篇文章中的十分之一，但读者已经可以约略感受到作者作为一个新闻人的匠心和人文社会情怀。其文约，其辞微。作者往往小处着眼，但小中见大，深入浅出，通过抽丝剥茧式的剖析和内在逻辑复盘，于无声处听惊雷，一语惊醒梦中人，有振聋发聩之效果，体现了作者对所从事的新闻事业的深入理解和深深热爱。

　　1999年7月，小林从丽水师范专科学校政史教育专业毕业后，既没有按照通常的职业路径回到家乡去当一名中学老师，也没有一心去考公务员，而是毅然决然、义无反顾地到《丽水青年报》当了一名临时工身份的记者，从此开始了20多年一步一个脚印的记者和编辑之路。他从一名普通记者做起，通过自己的不懈努力和刻苦钻研，不断成长和进步，逐步走上中层岗位，成为浙江丽水日报报业传媒集团班子成员。他曾获得丽水市宣传文化系统"四个一批"人才称号，5次获浙江新闻奖一等奖，有180多件新闻作品获市级以上的新闻奖。这是一个鲜活的"理想照亮前路"的新闻人的励志成长故事。因为热爱，所以坚持；因为热爱，所以敬畏；因为敬畏，所以能够不断超越自我，从一名初出茅庐的"新闻民工"，成长为一名有匠心和情怀、成绩卓著的新闻事业领军人才。

　　祝贺小林！是为序。

金兼斌

（清华大学新闻与传播学院教授、博士生导师）

2021 年 4 月 19 日于清华园

目 录

谨防新闻"负读"现象

北宋诗人苏轼曾写过一首叫《题西林壁》的哲理诗，其中"横看成岭侧成峰"这一句常被后人引用。而从莎士比亚的名著《哈姆雷特》中，也引申出了一句人们常挂在嘴边的名言："一千个读者就有一千个哈姆雷特。"

前者告诉我们一个道理，从不同的角度去看问题，会得出不同的结论；而后者则提醒我们，不同的人读同样的作品，会有不同的感受。实际上，无论何者，都给我们新闻工作者一个警示：一篇（张）新闻稿件（图片）刊发前，一定要尽可能全面地考虑各种社会反应。2020年新冠肺炎疫情期间，江苏某日报就因考虑欠周，犯了"顾此失彼"的严重错误。

2020年3月26日，该日报在3版头条位置，刊登了一篇题为《我市最大外籍居民聚集地仙林街道提供暖心服务：为了684个"老外"的安康》的通讯报道。该报的新媒体平台在转发时，为了更加吸引眼球，把标题改成了《南京一街道为隔离老外提供暖心服务：帮狗找旅馆，一天送20趟快递》。让该报始料未及的是，稿件预期的宣传效果没有达到，负面评论却像海啸卷起狂涛一样，一阵阵猛烈地袭来。

原本一篇看似正能量满满的抗"疫"文章，为何会在网络上掀起轩然大波？对此，有网友给出了非常精辟的回答："报社的编辑们是刚刚通网吗？不知道眼下'超国民待遇'是一条人人喊打的'落水狗'吗？"

我们可以来分析一下，网民从上述报道中归纳出的几段文字：

①老外从住所被带去集中隔离点，工作人员一路上开车尾随还比爱心安抚他，为了不让老外担心，还专门帮他找了一家宠物旅馆安顿他的宠物狗。

②帮老外买面包，一次只买4片，因为老外爱吃新鲜的面包，不吃隔夜的面包，工作人员就每天买了送上门。

③老外爱喝桶装纯净水，工作人员就一次性帮他买了4大桶，还帮他把水从小区门口扛到房间内。

④老外爱网上购物，工作人员就天天帮他取快递，最多的时候一天帮一个老外送过20多次快递。

如果撇开其他不说，就稿论稿，这篇新闻稿件写得最出色的地方，就是网民归纳出的这几个部分。在具体行文中，记者是以直接引语的形式，即借助各位外籍人士服务组成员的口说出来的。如关于给宠物狗找旅馆一事，记者在文章的开头是这样写的：

"德国妈妈带着3岁和7岁的女儿去集中隔离点，路上我和医生、翻译开车跟随。为了不让小女孩担心，我隔着车窗不停向她们比爱心，家里的大金毛狗，我也帮忙安顿到了宠物旅馆。"3月22日晚，仙林街道外籍人士服务组成员汤昭照，一路陪同把家住朗诗麓苑的母女三人送往爱心酒店。当视频连线中小女孩快乐地招手示意时，汤昭照这才放了心。

"生动的事例，精彩的细节描写"，这样的写作手法几乎贯穿这篇1500多字的通讯全文。而在平日里，资深记者、编辑对新入职的记者讲得最多的一句话，就是"写稿不能说教，要用故事、用细节去打动人"。显然，这篇通讯的写作是成功的，记者的功底也是扎实的。

该日报刊发上述通讯的专版名称叫"落细落实'防疫＋'奋力夺取双胜利"，从中不难看出，记者和编辑的组稿意图很明确，即宣传报道南京当地有关方面在防疫过程中所做的点滴工作。防疫、抗疫、战"疫"，理所当然要成为疫情期间各大媒体宣传报道的重点。因此，这样的版面大方向肯定是正确的。

但是，在具体选题和写作过程中，该报社的记者和编辑，没有充分考虑到特殊时期人们的社会心理状态。新冠肺炎疫情发生以来，从外国回来的留学生要喝矿泉水，到外籍女肆意跑步，再到外籍女婿鸠占鹊巢式的独自隔离，网络舆论已经到了沸反盈天、群情激愤的程度。在这个时候，媒体还在以"这是件大功劳"的态度，写这种给外国人优待的新闻，显然是把关意识不强，顾此失彼，最终导致"负读"现象的产生，引发网络舆情。

因此，在编审新闻稿件的过程中，一定要有多向思维，从多角度去考虑问题，谨慎防止稿件刊发后有可能出现的负面效应。

2017年6月9日入梅后，丽水各地普降暴雨。这样的灾害天气一直持续了20多天，这期间，政府部门积极应对，明确要求暂停户外作业。然而，6月21日晚，我们在编审第二天出版的《丽水日报》要闻版时，发现了一篇题为《缙云仙都创5A 冒雨施工抢进度》的消息稿件。稿件的开头是这样写的：

> 连日来，尽管大雨倾盆，仙都景区西入口土石方、下洋至前湖大桥、管线落地等各项目现场仍一片忙碌的景象，现场施工人员冒雨作业，全力打好创5A项目攻坚战，确保10月底前全部完工。

可想而知，缙云仙都景区联系记者采访刊发此稿的目的，是要告诉各方为了创建5A景区，他们有多努力，多拼命。但是，我们作为专业的审核把关人，却从稿件中读到了另一种信息——为赶工程进度，居然置施工人员的生命安全于不顾。何况有关部门早已要求停止户外作业，这样的稿件显然是不合时宜的，刊发后很容易造成"负读"现象。于是，我们果断做了撤稿处理。

其实，我们不仅要谨慎防止整篇稿件可能产生"负读"现象，同时也要时刻警惕一篇稿件里的一段话、一句话，甚至一个词语，都可能让读者产生误读。譬如：

2017年11月22日，《丽水日报》6版刊发了一篇消息稿件《山口村民提前实现安居梦》，文中第二段原稿是这样写的：

> 彭山村发现存在地质灾害安全隐患已经10多年了，经省第

七地质灾害勘察大队勘察确定为 A 类地质灾害隐患点。一直以来，山口镇积极推进彭山地质灾害点治理工作，近年来，先后完成了 2 个批次 100 多人的搬迁安置工作。今年，山口镇专门成立彭山地质灾害点搬迁攻坚组，推进尾留 19 户 66 人的避让搬迁工作。

显然，记者采写这篇稿件的目的，是表扬当地政府在治理地质灾害安全隐患时工作措施得力。但是，这段原稿却很容易让读者发现另外一个信息：彭山村 A 类地质灾害隐患点已经发现 10 多年了，到现在才安置好当地村民。这说明政府部门对这一人命关天的事情是不够重视的，标题中"提前实现安居梦"这几个字反而显得特别具有讽刺味道。

因此，在编稿过程中，我们进行了相应处理：

彭山村经省第七地质灾害勘察大队勘察确定为 A 类地质灾害隐患点，山口镇积极推进彭山地质灾害点治理工作，先后完成了 2 个批次 100 多人的搬迁安置工作。今年，山口镇专门成立彭山地质灾害点搬迁攻坚组，推进尾留 19 户 66 人的避让搬迁工作。

修改后的稿件，既能达到宣传的目的，又大大减少了引发"负读"现象的可能。

同样，稿件如果把关不严，短短的一个词语，也有可能引发"负读"现象。如 2018 年 10 月 17 日《丽水日报》1 版刊发的消息稿件《青田百个侨团结百村 助力乡村振兴》，该文的原标题是《百个侨团结百村 青田民心侨心"双回归"助力乡村振兴》。我们认为原先的标题中,"回归"这个词语和民心、侨心的搭配是有问题的。民心、侨心要回归,言下之意是说青田曾经失去过民心和侨心?正是基于这样的顾虑,我们对消息的标题以及相关内容进行了修改。

其实,除了稿件,图片也要防止"负读"现象。在我们的采编过程中,常常会出现容易引起"负读"的图片。如2020年4月29日《丽水日报》3版头条稿《缙云四方村:霉干菜香飘四方》的配图,编辑最初选的是一张室外露天水泥地上晾晒霉干菜的图片。

从图片上看,我们很容易读出这样的信息:不卫生!大量已切碎的霉干菜,直接平铺在一片四通八达的水泥地上,鸟畜可以随时进入;左上角一位工作人员穿着家常便服,赤裸着手和脚踩在霉干菜上干活。

这一场景和餐桌上美味的霉干菜形成鲜明的对比,很容易让人产生不适感。为防止这一可能的"负读",我们换上了另一张配图:一片绿油油的青菜地。

也许有人会认为,许多时候都是我们自己吓自己,读者没有那么较真,没那闲工夫去挑刺。但是,报纸白纸黑字印刷出去后是无法更改的,甚至有可能引发更严重的问题。防汛部门常说的一句话是"宁可十防九空,绝不可失防万一",这句话在我们编审稿件和安排版面时,也同样适用。

人物直接引语少打官腔

　　记者在写作新闻稿件时，常常喜欢引用采访对象的原话。甚至在一些消息稿件中，直接引用人物的原话作为导语。在人物通讯和特写当中，这种引用采访对象原话的写作手法更是大量存在。采访对象的原话，我们称之为"直接引语"。

　　使用直接引语，是记者在新闻写作中经常采用的叙述技巧之一，巧妙地使用直接引语能为新闻报道增色：一是能增加新闻的现场感和鲜活度；二是能增强新闻的客观性和真实性；三是能展示人物的性格特点，更好地塑造人物形象。

　　在西方新闻界，能够巧妙地使用合适的直接引语，是一个好记者必须具备的素质。美国哥伦比亚大学新闻学院研究生院终身教授梅尔文·门彻，在《新闻报道与写作》中写道："一个人的话能让人心悦诚服，能使报道具有真实感。"梅尔文·门彻认为，报道新闻应该进行"展示"，而非"陈述"——必须把直接引语写入新闻的重要部分。

　　然而，在实践当中，我们的一些稿件常常因为直接引语使用不当，反而给人一种如鲠在喉的感觉。先来看几段文字：

记者问，有没有后悔当防化兵？

叶子汉严肃地说，当兵的最大目标，就是保家卫国，这是每名军人应尽的责任和义务。①"我最大的愿望，就是国家强大，百姓安居乐业。尽心尽责地当好防化兵，也是为国家做贡献。"

2009年退休后，叶子汉在上田颐养天年，一年总会到遂昌女儿家住几天。今年8月底，他又去了一趟，因为两个外孙一个马上要读初中，另一个即将就读小学一年级。

在送上红包祝福的同时，他还语重心长地给孩子们上起了"开学第一课"。

叶子汉说，他以前在部队时写信回家，往往过一两个星期信件才能寄到家。现在，手机很普及，通信手段日新月异，这都是科技进步带来的福利。②"希望你们好好学习，成为国家和社会的有用人才，将来为祖国的强大贡献力量。"

老人的话，铿锵有力，激情燃烧。

···········

听到村干部的点赞，叶子汉有些不好意思了。他说：③"我生在红旗下，长在红旗下，和新中国一起成长，见证了祖国越来越强大。是党培养了我，让我过上幸福生活，以后，我还要一如既往，全心全意为人民服务。"

回顾自己走过的30多年人生路，叶波感慨万千，心绪难平。他说：④"有国才有家，只有奋斗的人生才称得上幸福的人生。"⑤"是伟大的新时代，激发了我的人生追求，党和国家培育了我，铸就了我的担当作为，引领着我投身家乡创业，这既是我生命的依靠，也是我的价值实现，更是我的事业追求。"

2019年适逢新中国成立70周年。为表庆祝，丽水日报专副刊部门策划了"见证奇迹·我与祖国同生日"系列报道：选择全市不同年龄段、出生在10月1日这一天的老百姓作为采访报道对象，书写他们与新中国共同成长的点滴故事。

应该说，这一系列报道背景大、切口小，所选择的人物又是普普通通的群众，这样的稿件写出来是非常接地气的。但是，在实际采写过程当中，我们的记者却过于看重新中国成立70周年这一"大背景"，以致在行文过程中把这些"草根人物"拔高了。其中，最显著的特点就是这些普通群众的话语都打起了十足的官腔。

上述例子当中，①②③来自同一篇文章，④⑤则来自另一篇文章。

其中①是文章主人公叶子汉回答记者"有没有后悔当防化兵"时说的话，我们不排除他是这么想的。但是如果能用更加朴实的话语来表述，显然更有亲和力。毕竟新中国的同龄人叶子汉的文化水平并不高，退休前也只是乡政府的农技员。这样的理由同样适用于③，这段直接引语让人读过之后有"似曾相识"的感觉，可以说是一段"放之天下而皆准"的话语，毫无个性特点。

而对于②，阅读后很容易让人产生怀疑。这是叶子汉对他的两个外孙说的一段话，他的外孙一个小学刚毕业，一个幼儿园刚毕业。这样"铿锵有力，激情燃烧"的话，我们姑且相信"准初中生"能听进去，但是"准小学生"能听懂吗？

相比较新中国的同龄人，1984年出生的叶波，应该是个关注时事的青年。因此他能说出④这样的话语,相对来说,其可信度还比较高。但是⑤同样给人一种"不着边际"的感觉,因为叶波现在的身份是一个商人,如果他是一位领导干部,又另当别论。

同样是写"见证奇迹·我与祖国同生日"系列报道,另一篇文章的直接引语却毫无"官腔味",显得特别妥帖:

> 20世纪90年代中期,李家的特殊情况得到了政府的关注,连续两年春节,都收到了80元的贫困慰问金。⑥"特别感动,学费有着落了,药费有着落了,一下子有希望了。"她激动地说,⑦"后来女儿告诉我,这叫'雪中送炭'。"

上述文中的"她"叫李凤珠,是一位出生于20世纪50年代的农村妇女。记者在写这段文字时,引用了主人公的两句话。很显然,这里,李凤珠对党和政府的感谢,表达得更符合实际人物的身份特征:⑥这样的话语是原汁原味的——既不做作,也不拔高,给人朴素而又真实的感觉。而⑦的引用,更让人读之拍案叫绝——一位60多岁的农村妇女,很可能不知道"雪中送炭"这样的成语,但是,"女儿告诉我"就显得合情合理了。

在新闻稿件的直接引语中,出现"官腔式"引语的原因,可能有几个方面:一是采访对象面对记者采访,的确说了一些"官话",而记者又进行了"粉饰"提升;二是记者有意识地引导采访对象,让对方复述自己的话语;三是记者纯粹胡编乱造,代采访对象发言。

无论哪种原因,在新闻稿件的写作中,我们要牢牢记住一点:什么样的人说什么样的话。也就是说,无论是直接引语还是间接引语,都要符合文中人物的身份特点。这也是文章合理性、真实性的必然要求。

别拿配图不当"内容"

对于一张报纸而言，图片的作用是不言而喻的。一个没有图片，只有密密麻麻文字的版面，再高明的版式总监也无法设计出赏心悦目的版样。这样的版面，带给读者的往往是一种单调、枯燥甚至压抑的阅读体验。

在具体的新闻实践当中，除了要闻版（一般是1版）有时因当日必发的宣传性稿件过多，不得不挤掉图片，其他版面很少会出现无图的情况。版面刊发的图片，一般来说有三种情况：一是要闻版独立成篇的新闻图片；二是某一篇文章的配图；三是整个版面的配图。后两种情况，又特别常见于专副刊的版面。

相比较独立的新闻图片，报纸配图的使用量会更多。因此，选用恰当的配图，既能弥补文字的欠缺，又能给版面增色，一举两得。然而，也正因为报纸每天都要使用大量的配图，难免会出现——不注重配图本身所包含的新闻信息，仅仅"为配图而配图"——形式大于内容的现象：

一是配图"不实"。翻开许多报纸的专副刊版面，常会有大量的风景图片跃入眼帘。单从视觉效果上来看，这些风景图片的确让版面靓丽了起来。但这好比一个打扮得花枝招展却胸无点墨的姑娘，初看美丽惊艳，细看索然无味。这样的风景图片，最大的缺点就是没有实质性内容，太虚。

以《丽水日报》2020年3月18日3版"乡镇聚焦"版文章《云和雾溪：村企合作促进生态产品价值实现》的配图为例，这是一张很普通的村庄风光全貌图，和文章的关联度不高，几乎可以配在任何一篇涉及乡村内容的新闻稿件上。

实际上，前述文章一开头就提到了一个新闻事实——杭州花期科技有限公司与云和县雾溪畲族乡生态强村公司签订了3年价值300万元的农产品购销合作协议；稍后又写到了双方在雾溪村建立的"两山转化"村企合作基地于同日揭牌，以及当地农户生产的畲乡老茶、蜂蜜等生态农产品。配图完全可以从双方签订协议，基地揭牌，农户种畲乡老茶、养殖蜜蜂等任选一场景拍摄，这样的图片既有实质性、具体化的内容，又能紧扣"生态产品价值实现"这一文章主题。

二是配图"不准"。顾名思义，配图是配合文章或者版面刊发的图片。一张配图独立出来，并不具备完整的新闻要素，它只有紧密配合文章或者版面，才能更好地体现出存在的价值和意义。这里所说的配图"不准"，是指所选的图片，和文章或版面所要表达的主题配合不够精准，甚至有误。

2019年3月3日《丽水日报》1版，在二条的位置上刊发了一篇题为《"最美超马赛道"正在紧张建设中》的消息。由于月底就要举办"丽水超马"，为显示这一新闻的重要性，编辑专门配发了一张"超马赛道"的图片，并在图片上打上了这样一行文字说明：马拉松赛道瓯江段的绿道正在加紧施工建设。

只要稍加留意，我们就会发现这是一张不准确的配图——图片画面里是一段已经完工的赛道，赛道上不见任何人影，根本没有施工的场景。很显然，无论是从文章标题还是图片说明，我们得到的新闻信息是"赛道正在紧张建设中"，而配图给出的信息却完全相反。因此，这样的配图是不准确的，应该选发一张有工人正在施工中的图片。

三是配图"不精"。专副刊版面，最常见的组版方式是一个主题或者一个稿件就组成一个版。而为了版面的美观，文字不会太多，以《丽水日报》专副刊版面为例，一般字数在两三千字左右。剩余的空间，就用多张配图来装饰。配图"不精"，主要表现为内容不精彩、场景重复性以及主配图过大三种情况。

纵观我们的专副刊版面，配图"不精"的问题并不鲜见，而且常常是三种情况同时存在于一个版面。譬如《丽水日报》2019年11月22日4版主打稿《一个农民"主播"的"梯田情怀"》，讲述的是"云和梯田景区一位售票员，利用天时地利的条件拍摄梯田照片在朋友圈里展示，并为各地摄影爱好者提供服务"的故事。稿件编发时，配发了4张图片：主图是主人公站在梯田前拿着手机在拍摄的场景，另外3张图片分别是主人公站在景区里的正面全身照、半身特写照和坐在售票处电脑前的办公照。

在这4张照片中，初看最显眼的就是主人公那身蔚蓝色的冲锋衣。很显然，这是一组在同一时间段内摆拍的照片，而不是跟拍或抓拍的照片。这些照片，并没有给读者带来更多实质性的内容，而场面的雷同感却非常明显，甚至其中3张照片主人公的微笑幅度仿佛都是"用尺子量过"的一样。

在广告界和新闻界都有这样一句话：一图胜千言。再通俗一点说，就是"一张图片胜过写一千个字"。对于报纸版面而言，一张图片如果用得恰到好处,往往能以较小的篇幅向读者传递更多的信息。相反,如果配图选用不当,不仅糟蹋、浪费版面,甚至会有"东施效颦"的反效果。

因此,我们在编辑版面时,一定要重视配图的质量,不能只把图片当作"装饰品",要选用真正有"内容"的图片,为稿件和版面锦上添花。

回顾性报道避免写成总结

　　每年年底，许多媒体都会对即将过去的这一年，策划推出盘点性、回顾性的报道。而相应的策划方向主要有两个方面：一是对区域内经济社会等某一领域发生的重要新闻或创新提法进行盘点；二是对媒体自身刊发过的新闻进行回顾性的报道。

　　盘点性报道，常常冠以"十大"新闻、热词、关键词等。这样的报道，和媒体的关联度不是很大，个性化不够鲜明。其本质是一年"旧闻"的简单罗列，可读性不强。相比较而言，媒体更青睐于花费更多的精力，策划推出回顾性的年终报道。在展示成就的同时，也可以追踪最新情况。

　　既然叫"回顾性报道"，选题自是紧紧围绕"回顾"两字展开。回顾的"主体"可以是一家媒体，也可以是媒体下属的具体业务部门。实践证明，分部门进行年终回顾性报道，其可操作性更强、效果更好。

　　在策划回顾性报道时，采编合一的专副刊部门在版面统筹、人员调度等方面更具优势。因此，每年临近年终时，丽水日报专副刊部门一般都会精心谋划回顾性报道。但也因为年年做、家家有，如何创新策划，每年做出不一样的味道，是一件值得思考和总结的事情。

　　年终回顾性报道做得出彩，可以丰富版面内容。但同时也要注意，回顾性报道如果做成了总结，便食之无味了。所谓"总结"，便是简单地罗列一年来刊发的主要新闻。

如2019年12月27日出版的《丽水日报》"瓯江特刊"版面，是一期4个整版的年终策划。总体来说，这一期回顾性的报道，除了整体版式尚可之外，其内容却很一般。

该策划的3版，以《感谢你们，温暖了2019》为题，分"好人"和"奋斗"两块，回顾了一年来"瓯江特刊"版面上刊发的6篇报道。在此，举例"好人"部分，其主要"回顾"如下：

（第一篇）今年1月25日早上，遂昌医生方浩右脚骨折加韧带撕裂。当天上午有台她主刀的大手术，一时间找不到合适的替代人选。为了病人早日康复，她火速打上石膏，忍痛单脚支撑完成了3个小时的手术。

（2019年3月8日《丽水日报》"瓯江特刊"3版）

（第二篇）站在奶奶汤招弟的左后侧，蒋松梅右手穿过奶奶腋窝，环在奶奶胸前，左手托在奶奶双膝下，手臂和腰部一齐发力，体重只有30多公斤的奶奶，稳稳地蜷缩在孙女的怀抱中。这种被称为"公主抱"的搂抱方式，今年98岁的汤招弟，已经享受了整整7年。

蒋松梅是养孙女。为了照顾瘫痪在床的奶奶，她辞去工作，7年来把奶奶宠成了"小公主"。

（2019年4月19日《丽水日报》"瓯江特刊"3版）

（第三篇）龙泉市西新教育集团小学五年级学生徐泽臣患了滑膜炎，上下楼梯有困难。8名同班同学成立了"雏鹰帮扶团"，坚持轮流背他去上课。这一举动，他们已经坚持了一年半。

（2019年9月6日《丽水日报》"瓯江特刊"3版）

记者只是在几篇文章之间，加上了几句简单的过渡性的语言。很显然，这样的模式仅仅是对已经刊发的报道进行了简单的概述和罗列。其他几个版面同样存在类似的情况，尤其是4版，由于这一年我们专副刊部门实行的是"版面主持制"，即每个版面原则上固定一个记者采编，因此该版的回顾性报道，几乎写成了主持该版面的记者个人的总结。

4版的主标题是《生活中感动无处不在》，该文分成三块：第一块讲的是部门2019年的一个重点策划，即新中国成立70周年的系列报道"见证奇迹·我与祖国同生日"；第二块是"民生观察"栏目一年来刊发的几篇主要稿件回顾；第三块则是"万家灯火"栏目一年来刊发的几篇主要稿件回顾。

就4版来说，首先文章的结构布局相当的混乱，三块内容一个讲策划，两个讲栏目。其次内容同样犯了3版"简单罗列"的错误，并没有实质性的内容。

其实，翻看各家纸媒年终回顾性的报道，类似的问题都不同程度地存在。要避免把回顾性报道写成总结，关键还在策划层面上：

一是要杜绝"为总结而总结"。一些媒体或媒体的部门，每到年终便会习惯性地去做回顾性报道。他们把年终策划当作了常规动作，当成了季节性的任务，没有创新的点子也要"霸王硬上弓"，最终只能是简单罗列总结，应付了事。这样的回顾性报道毫无策划性可言。

　　二是要有明确的方向或主题。专副刊的年终回顾性报道，一般是几个版面一起推出。这样的报道，如果版式精美、图文并茂、内容充实，无疑为当日的报纸增色不少。但是好的策划，一定是围绕一些关键词展开的，这些关键词就是方向，就是主题。如2017年，《丽水日报》"瓯江特刊"4个整版的年终回顾性策划，就是分别围绕"四个度"，即"温度""厚度""深度""广度"进行的。

　　三是要选择可跟踪性的报道。所谓"可跟踪性的报道"，是指我们的报道刊发后，在社会上造成了较大的影响；或者经过我们报道后，新闻事件有了后续的进展等。我们在选择这样的报道进行年终回顾时，既可以展示我们一年来的主要成就，又可以让读者获取新的新闻信息。

不可盲目相信"权威"

作为名词使用时,"权威"在《现代汉语词典》里被解释为"在某种范围里最有威望、地位的人或事物"。我们的新闻媒体,无论是采访、编辑,还是审稿,几乎每一个阶段都离不开跟"权威"打交道。

有时候为了让新闻报道更具说服力,我们的记者会采访专家、学者或业内人士;有时候为了让新闻报道不出差错,我们的编辑会把稿件给相关部门或人员审核把关。而一些特殊的稿件,宣传部门事先就规定了严格的审稿程序,或指定了新闻素材引用、转载的权威渠道。

可以说,新闻采编离不开"权威"。"权威"的介入,能让我们的新闻更安全、更有力度。但是,新闻采编也不能盲目地相信"权威"。在具体的新闻实践过程中,我们的一些记者和编辑,就因为过于相信"权威",导致稿件的采写和编辑漏洞百出。

记者、编辑在新闻采编过程中,盲信"权威",主要体现在以下三个方面。

盲信权威人士

专家、学者、教授,在某一领域里肯定是权威。但专业人士所说的话,并不是每一句都是"金科玉律",并不是所有的话都是严谨的、经得起考验的。记者在稿件中引用相关内容,决不能过于轻率。尤其是一些重要论述、论断,一定要慎之又慎。

《助推高质量绿色发展:我市启动"两山"青咖论坛》①一文,是刊发在2020年4月27日《丽水日报》1版的一篇消息,记者提交的原稿中,在消息第二段的开头这样写:

> "两山"理念是习近平生态文明思想的重要组成部分。丽水是"两山"理念的策源地和先行实践地。中国(丽水)两山学院是全国首家以"两山"为特色的新型学院,致力于"两山"理论研究、"两山"实践服务和"两山"人才培养……

对于"绿水青山就是金山银山"理念的发源地,中央和浙江省里其实早有定论。所有公开的权威报道一致描述:2005年8月,时任浙江省委书记习近平在湖州安吉余村考察时,首次提出"绿水青山就是金山银山"的科学论断。也就是说,湖州是"绿水青山就是金山银山"理念的发源地。

一直以来,丽水市委市政府所有重要的文件以及本地的新闻报道,都用"丽水是'绿水青山就是金山银山'理念的重要萌发地和先行实践地"这样的表述,这应该是经过中央和省市慎重考虑的。而"策源地"和"发源地"意思是相近的,记者在稿件中提丽水是"两山"理念的策源地,显然是不妥当的。

---

① 原文如此。"绿水青山就是金山银山"理念现已不再简称为"两山"理念。

面对编辑的质疑，记者的答复是："策源地"是中国（丽水）两山学院的副院长在接受采访时说的，有录音为证。该记者认为"两山学院"是全国"两山"理论研究的权威，副院长说出的话应该不会错。

事实上，后经求证，关于"绿水青山就是金山银山"理念的相关表述，丽水一直没有变化，始终定位为"重要萌发地和先行实践地"。如此重要的论断，绝不是中国（丽水）两山学院的副院长可以轻易更改的。副院长"策源地"一说，纯系顺口而出。

因此，在编辑过程中，我们把"策源地"改为"重要萌发地"。

盲信权威材料

记者在采写新闻稿件时，常常会引用采访对象提供的材料。尤其是时政新闻，政府部门和相关单位都会提供文件、领导讲话稿等会议材料，有时候甚至是新闻通稿。按理，这些材料事先都是经过层层把关、反复斟酌后定稿的。然而，即便这样的权威材料，仍难免有纰漏的地方。

2019年12月10日，丽水市政府新闻办召开新闻发布会，介绍丽水大花园核心区建设的具体做法、进展和成效。第二天，《丽水日报》1版刊发了新闻发布会的消息稿件《丽水大花园核心区构建大美格局》。记者提交的原稿，第二段开头是这样写的：

> 为深入践行习近平总书记新时代生态文明建设重要思想，省委、省政府立足全省实际，做出四大建设的重要决策部署，谋划建设"诗画浙江"大花园……

党的十八大以来,习近平总书记的各种思想频频见诸报端。为规范使用,中央明确除了"习近平新时代中国特色社会主义思想"的表述外,只有四个方面的思想可以称为习近平思想,即习近平生态文明思想、习近平强军思想、习近平外交思想和习近平新时代中国特色社会主义经济思想。

上述表述已经成为一种专有名词,只字不能更改。显然,我们的新闻报道使用"习近平总书记新时代生态文明建设重要思想"这样的表述是错误的。当我们的编辑向记者商榷修改时,记者甚至一再强调:这是市政府新闻发布会通稿上的表述,成稿后又经过两三个部门审核,最好不要去改动。

这是明显的错误,编辑已经明确向记者指出。记者也承认准确的表述方式是"习近平生态文明思想",但仍对新闻发布会的材料原封不动地抄用,足见其对"权威材料"的盲信程度。

其实,不用说是一般的会议材料会有差错,有时甚至连非常严肃的"两会"文件,也可能出差错。有一年某市"两会"召开期间,某电视媒体在刊发该市人大会议的公告时,公告的落款时间居然是上一年度的。原来,工作人员在起草公告时,复制了上一年度的公告,忘记修改时间了。而媒体在编发时,认为这样的权威材料,不可能有问题,便忽略过去了,所以才会产生这样的差错。

盲信权威渠道

专家接受记者采访,所说的话因为是口头表达,往往不够严谨,不能轻易引用;政府部门提供的会议材料,属于内部资料,不够严谨,也不能轻易引用。事实上，已经公开出版的资料，甚至是权威媒体刊发的内容，我们在采编过程中也仍需谨慎使用，不能盲信这些权威渠道的内容。

2018年，丽水市委在春节后上班第一周就召开全市领导干部会议，要求全市上下"明目标、树标杆，争先进位大赶超"。当年4月，市委宣传部专门组织媒体记者赶赴福建宁德进行了为期一周的集中采访。5月10日，《丽水日报》1版开设"争先进位大赶超——聚焦宁德大发展"专栏，并刊发了开篇通讯《摆脱贫困 凤凰涅槃》。

记者提交的原稿，引题中写了这样一段话：

> 宁德既是革命老区，又是少数民族聚居地。20世纪80年代中叶，曾是全国18个集中连片贫困地区之一。摆脱贫困，一直是宁德人民最为迫切的愿望……

《现代汉语词典》对"中叶"一词的解释是：（一个世纪或一个朝代）中间一段时期。如20世纪中叶、唐代中叶、清朝中叶等；而对"中期"一词的解释是：某一时期的中间阶段或时间的长短在长期和短期之间。显然，"中叶"的时间跨度在10年以上，而"中期"的时间跨度可长可短。因此，上述内容中，"80年代中叶"的表述不准确，应改为"80年代中期"。

同样地，记者仍然是受到了"权威"的误导：引题这段话引用自某日报上的报道，对"中叶"一词的用法，记者本人也曾稍稍犹豫了一下。但想到引自一张省委机关报，应该不会犯词语使用不准确的错误，反而可能是自己对"中叶"的用法了解不够全面。

在上述案例中，看似只不过是一个词语使用不当，但其中反映出的问题却值得我们采编人员深思。正因对权威渠道的盲信，导致记者甚至转而怀疑自己原本正确的认知。

其实，即便是国家级权威媒体，其所刊发的文章同样可能存在错误。因此，要切记不可盲目相信"权威"。

新闻采编要"以人为本"

2020年新冠肺炎疫情肆虐期间，有两篇关于武汉两位护士的新闻，在网络上引起了人们的极大关注。新闻的主人公分别是：怀孕9个月还坚持在抗疫一线的赵瑜和流产10天后重返一线的黄彬。

这两篇新闻刊发的时间"高度巧合"——2月11日和12日。显然，这一时间节点，正是武汉抗疫开始进入特别吃紧的阶段。这样的特殊时期，需要大力挖掘、宣传社会各界尤其是医务人员忘我奋战一线的典型，以此提振士气、鼓舞人心。

然而，让始发媒体和众多转发媒体意外的是，两位护士的报道刊发后，不仅没有达到预期的宣传效果，反而引来读者众口一词的"指责"。网络舆论沸沸扬扬，但简而言之有二：一是领导不够人道，即使护士本人坚决要求到抗疫一线，考虑到她们的身体健康和生命安全，也应坚决制止；二是媒体不应树立这样的典型和榜样。

而相比较两种"指责"，似乎后者更甚。网络舆论普遍认为："两位护士的精神可贵，值得敬佩，但不应该宣扬和提倡。因为宣传和提倡，就是在树立榜样，就是在鼓励更多人效仿，这也是一种道德绑架。我们反对的不是奉献，是无底线地歌颂牺牲。"

从上述的新闻案例中,我们或许可以总结出这样一条媒体从业人员应当谨慎遵守的规则:新闻采编处处要"以人为本"。

一篇稿件,从采访开始到新闻落地,所有的阶段每时每刻都与"人"有关。无论是采访对象、采编人员还是读者,首先他们是作为个体的人存在,然后才作为群体的人——特定的职业身份——存在。而作为个体,在现实生活中,每一个人都是活生生的、具有七情六欲的。也正因为如此,要求我们在新闻采编过程中,处处应该"以人为本",充分体现人文关怀。

因缺乏"以人为本"的意识,我们也曾"栽过跟头":

10多年前,《丽水日报》专副刊版面刊发了一篇人物报道。该报道的主人公是一位孤儿院的负责人,报道的方向是"主人公视院里的孤儿如己出,几十年如一日奉献爱心"的感人事迹。

记者在写作时,采用了大量的事例。其中一个例子,讲述了这样一个故事:主人公想方设法筹集医疗费,几经周折,终于帮助一位外表看似小伙的两性人孤儿成功完成手术,变成美丽的姑娘。手术后,这位孤儿还顺利结婚成了家。

稿件刊发时,虽然没有使用该孤儿的真名,但使用了她在孤儿院时的名字。而这一带着孤儿院特殊印记的名字,同样为她身边许多亲戚朋友所熟知。问题就在于她丈夫一边的亲戚,此前并不知道她是两性人。

文章见报后,该孤儿由于男方亲戚的缘故,受到了很大的压力,号啕大哭。事后,我们的分管领导和采编人员,第一时间上门致歉安抚。实际上,采访时,记者征求过对方的意见,并获同意使用其孤儿院时的名字。

事后我们总结教训认为,孤儿自身有一定的责任,但更大的责任在于我们。作为专业的采编人员，我们缺乏"以人为本"的意识，误以为采访对象自己都同意了，自然没必要使用化名。

其实，该报道中的两性人孤儿并非主人公，涉及的篇幅也不多，使用化名并不会影响稿件的真实性和可读性。在采写和编审稿件时，我们如能多一分为他人着想的心思，多一分人文关怀，后来也不至于需要上门致歉了。

上述案例，涉及的是采访对象的重大隐私，类似的还有病史、婚姻史以及曾受到过的处分、处罚等不光彩的过往。稿件中涉及这些方面的内容，一定要慎之又慎，能改则改，能删则删。

除了采访对象的隐私外，在以下三类新闻的采编过程中，我们也要特别注意体现"以人为本"的精神：

一是涉案类新闻。我们的记者，有时候从律所、法院等拿到案件材料，会直接改写成几百字的消息稿刊发。此类涉案的报道，民事、行政和经济类案件，尽量不要暴露当事人过多信息。至于刑事案件，也要注意区分过失和故意犯罪两种情形。如交通肇事罪这样典型的过失犯罪，要隐去当事人的真实姓名。即便是故意犯罪，也尽量不要透露当事人的家庭信息，避免其无辜的家人受到伤害。

二是监督类新闻。舆论监督的目的之一是鞭挞丑恶，在写作此类稿件时，我们可以直接曝光监督对象的真实身份信息。但是，在采编稿件时一定要注意保护好其他采访对象。不能为了让监督更有力度，而在稿件中暴露相关举报人以及其他采访对象的关键信息。

三是灾难类新闻。此类新闻的报道，我们要特别注意痛失亲人的采访对象，努力做到尽量不打扰、少打扰。2011年7月，缙云县一位16岁的少年因车祸去世，父母忍痛做出了器官捐献的决定。我们的记者在采访结束后坦言:以后再也不愿意去采写这类新闻了,采访时让刚痛失爱子的父母去回忆儿子过往的点滴,太残忍了。我们不能为了宣传和树立榜样,就不顾已经献出了爱心的这对父母。

当然,上述简单的罗列,并不能囊括所有新闻采编过程中需要"以人为本"的情况,譬如本文开头有关护士的新闻,就不属于上述任何一类。但只要我们时时刻刻有"以人为本"的心,就能尽量避免纰漏了。

其实,在新闻采编过程中要体现"以人为本"的精神,我们不仅要考虑采访对象,同样也要考虑记者和读者。如前文提到的采访器官捐献的案例,当时受命采访的是一位感情特别细腻的年轻女记者。该记者采写完那个稿件后,很长一段时间没从内疚和悲伤的情绪中走出来。她认为自己的采访,残忍地让采访对象刚刚平静下来的心,再次"翻江倒海"。因此,我们在安排记者采访时,也要充分考虑记者和采访线索的"匹配度",比如尽量避免让怀孕的记者去采访孤残人士等。

至于万千的读者,我们在选题、写作相关新闻稿件时,也要充分考虑他们的阅读体验。2010年5月,《丽水日报》刊发了《掀起盖头的"阿凡达"女孩》一文,报道了庆元县的"阿凡达"女孩吴小燕的故事:

吴小燕患有骨纤维异常增殖症,从8岁开始,她的脸部出现肿胀。最后,肿瘤和颅脑几乎是一样大。她的鼻梁已经被肿瘤撑塌了,眼睛也被横亘在中央的肿瘤挤到了两侧。

后来替吴小燕做手术的医生、广东中山大学附属口腔医院口腔颌面外科主任廖贵清教授,在接受《南方都市报》记者采访时用"她的脸让人感到震惊,吓我一跳"来形容初见吴小燕时的感受。连见多识广的专业医生都吓一跳,足见吴小燕的面部有多么恐怖吓人。

然而,这样的情况,我们的报纸居然用了一个版面大篇幅的图片刊发了。第二天，读者打电话来投诉：这样的图片让他们恶心难受。相比之下，《南方都市报》的处理就非常人性化——2018年12月该报在新媒体平台上刊发一篇后续报道时，尽管使用了马赛克对吴小燕手术前的图片进行了技术处理，却仍然特别提醒读者：已打马赛克，请谨慎选择是否在下拉框内查看！

总之，新闻采编处处要"以人为本"，说白了就是要充分考虑采访对象、记者和读者的感受，努力保护好、呵护好这一过程中所有人的情绪和心理健康。有时候为了相关人员，甚至可以放弃对一个好题材的采写。

每个细节都要"咬文嚼字"

2020年5月10日，报社领导参加浙江新闻奖评选后，在微信群里通报了2019年度丽水日报社斩获浙江新闻奖的消息：通讯《38个红指印换来一个美丽乡村》获得一等奖，另有二等奖3个，三等奖若干。

正当大家高兴之际，领导透露了另一个"小遗憾"——我们选送的另一篇通讯《三次改名的红坞村》，原本可以获二等奖，就因为一个细节与二等奖失之交臂：标题里说红坞村三次改名，文章里面体现出来的实际上只改过两次。领导提醒大家一定要引以为戒，送去评奖的作品一定要咬文嚼字，字斟句酌。

《三次改名的红坞村》是一篇千余字的短通讯：

新中国成立前，红坞村因村民吃不饱、穿不暖、住破茅屋而叫"鸡坞村"；新中国成立后，村民盼望在党的领导下过上丰衣足食的幸福生活，于是改名为"油坞村"；改革开放后，早已解决温饱的村民对红红火火的小康生活充满期盼，于是又将村庄改为沿用至今的"红坞村"。如今，红坞村在山海协作的帮助下，一举摘掉集体经济薄弱村的帽子。

可以说，这篇通讯立意高远，在2019年全国上下脱贫攻坚以及"消薄"的大背景下，有着很强的新闻性。因此，当年5月，该文还获得了浙江省记协2019年"新春走基层"活动践行"四力"优秀作品。然而，在浙江新闻奖评选时，最终因一个小细节而落选，的确有遗珠之憾。

实际上，类似的错误，早在2006年时我们就犯过一次，只不过那次比较幸运。

2006年8月，《丽水日报》刊发了一篇舆论监督通讯《仙都景区"铁城"蒙难 国保摩崖难辨轮廓》，率先曝光了《大旗英雄传》剧组破坏缙云仙都景区内国家级文物"铁城"摩崖石刻，引起了国家级媒体和国家有关部门的高度关注。由于影响力巨大，最后该通讯获得了年度浙江新闻奖一等奖。

2007年下半年，浙江省记协一位领导来丽水日报社讲课。其间，他提到，《仙都景区"铁城"蒙难 国保摩崖难辨轮廓》一文险些被降为二等奖。问题同样出在标题上，即"国保"二字是指"国家级保护文物"的意思，简称时应该加双引号。如果不加双引号，应该用"国宝"，即"国家级的宝物"，而非"国保"。从次年开始，参评作品存在类似的细节问题，获奖等级一律下降一级。

其实，类似的细节问题在每年的中国新闻奖参评作品中也比比皆是。近年来，中国记协每年都会公布大量因为各种差错被取消参评资格的新闻作品。一般来说，参评新闻奖的作品，大多在选题阶段就已经开始谋划。然而，即便是这样带着精品意识去采编的作品，最后仍会出现这样那样的差错，更不用说日常大量的普通新闻了。

各式各样的细节差错，有的或许"无伤大雅"，有的则"失之毫厘，谬以千里"。

2017年11月27日,《丽水日报》刊发了调查性的文章《青田稻鱼产业依托农合联走现代农业路》。记者提交的稿件中,有一段这样的表述:

> 66岁的刘永如是村里的能人,早年在外做工程赚钱。<u>去年,大家推选头脑活络门路广的他当村党支部书记。</u>村民们希望在他的带领下,闯出一条致富路。

很显然,画线部分存在一个常识性的错误。根据后一句"村民们希望在他的带领下,闯出一条致富路"可以推知,这里"大家"指的就是村民,而普通村民是无权选举党支部书记的。2020年7月13日中共中央发布的《中国共产党基层组织选举工作条例》第十四条和第十六条分别规定:"党的总支部委员会、支部委员会的产生,由上届委员会根据多数党员的意见提出人选,报上级党组织审查同意后,组织党员酝酿确定候选人,在党员大会上进行选举。""党的基层组织设立的委员会书记、副书记的产生,由上届委员会提出候选人,报上级党组织审查同意后,在委员会全体会议上进行选举。不设委员会的党支部书记、副书记的产生,由全体党员充分酝酿,提出候选人,报上级党组织审查同意后进行选举。"

因此,我们把画线部分改成了"去年,头脑活络门路广的他当选村党支部书记",对具体由谁选举,进行了模糊的处理。

对于党员尤其是党务工作者来说,这样的错误一眼便知。但是对于普通读者,或许很少有人会去细究死磕,也不太会影响读者的阅读。但是,下面例子中的错误就显得与本意"南辕北辙"了。2018年4月26日,

《丽水日报》1版倒头条文章《蓝霞：一个"嫁"给丽水明天的征收干部》一文原稿的开头这样写：

> 李晓春，一个中年汉子，在谈到同组的征收干部蓝霞时，竟流下了眼泪。
>
> 泪水源于感动，感动始于一份为民的热忱。①李晓春一提到20日当晚的那一幕，便泪湿眼眶。
>
> 那天晚上，是水东老村城中村改造腾空奖励截止日，蓝霞和李晓春还有其他同事，去做一户尚未签约群众的工作。"对方态度很强硬，有些油盐不进。蓝霞拉着她的手，苦口婆心地劝，反复讲道理，态度之恳切，如亲似女。"李晓春说。
>
> ②劝至凌晨2点，蓝霞又累又无奈。可对方态度却没有丝毫松动，蓝霞心里"急了""慌了""怕了"！她知道，③如果今天不签约，王阿姨家按政策将近3万元的奖励金，就没了！

这个稿件，表面上看只是很小的细节差错，即②句中的"凌晨2点"实际上是4月21日了，而并非①句中的"20日当晚"了。但如果结合文章的具体内容，深究下去，这个细节差错导致的后果可以称得上"很严重"了。

夜班编审此稿时，我们特意给记者打电话进行了求证。据了解，主人公蓝霞和同事们一起，的确从4月20日晚上一直做思想工作到21日凌晨2点。记者之所以写"劝至凌晨2点"，一方面受口语的误导，如我们有人问你"昨晚加班到几点"，口语化的回答一般是"很迟，我加班到凌晨2点多"，而很少人会精确地说"很迟，我加班到今天凌晨2点多"；另一方面是"尊重事实",突出征迁工作的辛苦,衬托主人公的奉献精神。

殊不知这样写,在本文中已经牵涉到了一个与拆迁奖励截止时间不符的政策问题。根据原稿的意思,凌晨2点时如果该拆迁户签约,她还可以拿到近3万元的奖励金。但实际上③句中的"今天"是指政府规定的拆迁截止时间,即4月20日。而这里的"凌晨2点"很显然已经是4月21日。

对此,当时记者这样解释:"按照拆迁工作组的惯例,晚上到第二天凌晨做通工作签订合同,都算当天的。"由于征迁工作千头万绪,征迁干部在实际工作中变通操作或许问题不大。但是,我们党报白纸黑字这样刊发出去,肯定不妥。假设有人在4月21日晚上签约了,对方就会质疑——人家21日凌晨2点签约有奖励金,我21日晚上签约为什么不能有?

其实,这样的错误处理起来并不难,只要把②句中的"劝至凌晨2点",改成"劝至深夜",文章就滴水不漏无可挑剔了。

再如2020年4月29日《丽水日报》1版文章《杨香香:"带货"网红成缙云农产品代言人》一文,其中有一句说:"一时间,'发糕妹'成为缙云农产品的代言人。2019年,她的农产品年销售额达到了600万元,平均每个月销售额超过50万元。"

该案例存在数据"打架"问题。根据"平均每个月销售额超过50万元"计算,那么"发糕妹"杨香香2019全年12个月肯定超过600万元。但是前文却很明确说"达到了600万元",显然前后数据是矛盾的。因此,编稿时我们将"达到了600万元",改成了"超过600万元"。

"达到"和"超过"都是一个概数,或许相差不会很大。但是下面这个同样和数字有关的稿子,如果弄错就天差地别了。

2020年5月8日,《丽水日报》4版刊发了《每天至少直播7小时,2

个月卖出300多万元！这位茶商太拼了》一文。这一篇写疫情期间非常流行的主播带货的文章，原稿标题和见报标题只有两字之差——《每天至少直播7小时，2个月挣了300多万元！这位茶商太拼了》。这里"挣了"和"卖出"是两个完全不同的概念。前者是净利润，后者则是销售额。销售额除去各种成本，剩下的才是挣到手的钱。

"咬文嚼字"原本是贬义，自上海创办我国出版界唯一一份规范社会语言的刊物《咬文嚼字》后，如今它的意义发生了变化，代表的是大家写文章时字斟句酌、严谨治学的态度。和电视、广播以及时下的新媒体比，报纸是白纸黑字的出版物，一经印刷发行，就具有不可逆性和历史资料的属性。因此，我们的记者和编辑，应当本着对读者负责、对报纸的权威性负责的态度，在采编过程中，一定要对每个细节进行"咬文嚼字"。

至于在新闻采编过程中如何"咬文嚼字"，首先要有"啄木鸟"精神，其次要做到"三个勤"，即脑勤、手勤、口勤。

脑勤就是要勤于思考、字斟句酌，这里就不再赘述。手勤就是要勤于动手使用工具书、计算器、搜索引擎等。譬如遇到吃不准的词语、成语、引用的古诗词以及统计数据和地方性的大事件等，一定要去查《现代汉语词典》、年鉴、地方志等工具书；遇到数字，一定要用计算器去加加减减核算准确。口勤，对记者来说，就要多方采访核实、多请教业内人士和专家；对编辑来说，要多和记者联系沟通，和记者一起核实每一个细节。

警惕"背书式"报道

"背书",在《现代汉语词典》里有两种解释:一是"背诵念过的书";二是"持有票据的人转让票据时,在票据背面批注并签名盖章。经过背书的票据,付款人不能付款时,背书人负付款责任"。第二种解释又引申为"比喻全力支持某人或某事,并愿意为此做担保"。显然,本文要说的是第二种"背书"。

在新闻采编过程中,我们要警惕"背书式"报道,指的就是要避免无意中用媒体的权威和公信力(尤其是党报),替报道对象"背书"。"背书式"报道,有些是一不留神落入了报道对象的"陷阱",有些是我们媒体主动为自己"挖坑"。

无论出现哪一种情况,都说明我们把关的经验和能力不足。"背书式"报道一旦刊发,轻则被人拿着"当枪使",重则惹来官司上身,增添不必要的麻烦。因此,一定要从源头上掐断这种可能。

2019年初,一位老通讯员找到我们,当面提交了一篇千字左右的通讯稿,大致内容如下:某县城郊一位70多岁的农民,到该县一个偏远的乡镇,流转了100多亩抛荒田地种植高山蔬菜,并成立了合作社,带动当地村民致富。

乍一看，这篇通讯的新闻性还是相当不错的。首先70多岁的老农"退而不休"，仍到基层一线创业，老有所为，其精神值得嘉许；其次开垦抛荒田地，种植高山蔬菜，带动乡亲们致富，更具有模范价值。同时，这类题材的稿件，也很符合《丽水日报》乡镇版面的定位。编辑只要对文字稍加修改，即可刊发。

然而，稿件刊发前，我们的编辑通过该县县委报道组的记者去核实一个细节时，无意中得知了另外一个信息——稿件报道的对象曾是一位"老上访"。虽然信访与我们所要报道的事迹没有关联，且他已经息访多年，但对党报来说，这仍是一个敏感的问题。

随后我们把相关情况，委婉地告知了提供稿件的老通讯员，并明确表示不能刊发该通讯稿。不料，一周后老通讯员再次找到我们，说是该县主要领导专门去老农的蔬菜基地考察过，并给予了高度的肯定，当地乡镇领导也很认可。随后我们还接到乡镇领导的电话，证明老人在当地开发抛荒土地种植高山蔬菜一事属实。

人非圣贤，孰能无过？既然当地两级政府的主要领导都"不计前嫌"地肯定老农，是不是我们过于小心了？于是，我们安排记者采访，进一步深挖该题材。但出于谨慎考虑，部门负责人把当年新春走基层的点选在了这一乡镇，随后和记者一起去了当地采访。

然而，通过实地调查采访后，我们最后果断放弃了这一题材的写作，原因有二。

一是题材本身存在问题。首先，老农真正种植蔬菜的土地只有20亩，剩余80多亩流转地仍是荒芜一片，且没有继续开发的打算。其次，老农的蔬菜没有销路，还拖欠了当地农民10多万元的工资，根本谈不上带动乡亲们致富。再次，老农和当地群众关系并不融洽，宁可让卖不出的蔬菜烂在地里，也不给老百姓吃。

二是报道对象的真实动机让人怀疑。首先，县领导并非专程考察，而是路过蔬菜基地随口问了几句。其次，乡镇领导给我们打电话，是因为老农多次到办公室"纠缠"，并非其主动推荐。最后，老农想被报道的真正动机是想套取县农业部门的项目资金和补贴。

实地调查采访后，我们认为，这位老农到偏远乡镇开发高山蔬菜基地，并非想带动当地农民致富，真正目的是填满自己的腰包。因此，我们决定不予报道。

当然，想方设法让我们党报为其"背书"的，不只是个人，甚至还有政府部门和单位。这些部门和单位，往往在被媒体曝光后，急于让曝光媒体为其"背书"，从而减少来自上级领导和机关的压力。而"背书"的方式，就是以最快的速度刊发后续报道。

凡是做过舆论监督报道的媒体人都知道，批评报道刊发后，被监督对象或其监管部门，为"危机公关"，大多希望曝光的媒体尽快给他们刊发后续报道。这里往往有两种情况，一种是的确做到了有错必纠、立行立改，第一时间解决了舆论监督报道所反映的问题。这种情况，我们媒体理所当然要立马刊发后续报道。另一种则是仅有表面态度，并没有实质结果，具体来说就是开会、行动，但最终问题没解决。

警惕"背书式"报道，不仅要当心采访对象的"陷阱"，同时更要防止自己"挖坑"自己跳。确切地说，就是我们自己在选题过程中，把关不严，主动替人家"背书"。这在媒体"背书式"报道中，所占的比例往往比前者更高。

事实上，在开选题会时，我们只要仔细分析、充分讨论，绝大多数"自己'挖坑'自己跳"的"背书式"报道，都是可以避免的。如涉及食品和医疗类的报道，我们一定要充分考虑各种因素。

几年前，随着微信朋友圈的日益普及，"朋友圈经济"也随之如火如荼地兴盛起来。而一些家庭主妇，在朋友圈里卖起了各类制作精美、色香味俱佳的食品。有一次，记者报题说，某公司的中层干部，在朋友圈里售卖的自制蛋糕非常畅销。后来此人干脆辞职在家，专职做起了蛋糕生意，短短一年间挣了几十万元，现在还带动了其他亲戚加入。

报题记者认为这一题材很有新闻价值——"朋友圈经济"在当下是一种新潮流，在家比在公司上班挣的钱还多，而且轻松自由，或许这是今后年轻人就业的一个新趋势。听上去好像还真是那么一回事，可是我们最后否定了这一题材。

理由有二：一是当时已经有人开始质疑"朋友圈经济"的偷税漏税问题；二是自制蛋糕的食品安全难以保证，从业人员有没有健康证、食材是否卫生安全等问题尚需调查。若我们报纸做了宣传报道，就等于替这些自制食品做安全"背书"。那些看了报道去购买的消费者，一旦出现食物中毒，报道的媒体难辞其咎。

再譬如，2020年5月初，有记者报题：某医院儿科的一位年轻医生，热衷于在朋友圈发他在接诊过程中的一些典型案例，以提醒广大家长注意防范孩子们类似的症状。同时，该医生还打算将这些内容整理为一本口袋书，用于各类儿童疾病家庭的应急救治。

我们认为，这样的题材不是不可以做，但是必须特别谨慎。如果这位医生仅在普及一些儿科医学常识，那自然没有任何问题。如果大量涉及个人原创的内容，我们决不能轻易报道。因为这部分内容是没有经过医学论证的，其安全性存疑。这样的内容一旦被我们报道出去，就等于我们对其进行了"背书"。可见，处理这样的报道一定要慎之又慎。

多一些"合理性"的怀疑

报纸经常出现的差错，大体可归纳为文字差错、词语差错、语法差错、数字用法错误、标点符号用法错误、量和单位使用错误、版面格式差错、知识性错误、事实性错误和政治性错误等十种类型。其中数量最多的是文字和词语差错，危害最大的是政治性错误。

如果严格去审读当下市面上的报纸，不少版面都可以找出一两个问题。根据国家新闻出版署2020年5月28日印发的《报纸期刊质量管理规定》第五条，报纸编校差错率不超过万分之三的，其编校质量为合格。作为党报的采编人员，我们应该努力把一份合格的产品交到读者手中。

事实上，只要我们在采编过程中多一些"合理性"的怀疑，前述十种类型的差错，大多时候还是可以避免的。这里所说的"合理性"的怀疑，指的是记者在采访过程中、编辑在编审稿件时，对一些内容是否合理产生怀疑，进而去求证并达到纠正错误、避免差错的目的。

2010年8月，《丽水日报》报道了丽水市消防支队战士左秀俊和他父亲见义勇为的事迹：事发当天，左秀俊请假陪从云南老家来丽水的父亲外出游玩。返城的路上，他们遇到一辆面包车撞上路边护栏起火，车上7人受伤被困车内失去知觉。左秀俊和他父亲不惧危险挺身而出，终于在面包车油箱爆炸前几秒钟成功救出了最后一位伤者。

经过我们的报道，左秀俊成了当年全国的先进典型，获得了第11届全国见义勇为英雄模范、浙江骄傲——2010年度最具影响力人物等20多项荣誉。

可以说，左秀俊事迹的成功报道，离不开首发通讯《英雄父子冒死救7人》的精雕细琢。而在采写该文时，就因记者的"合理性"的怀疑，避免了一个事实性错误。

记者采访时，左秀俊回忆了这样的一个场景——

最后营救的是一位老太太，她整个身子被卡在了两个变形座椅的中间。因为怕强行抱人会导致老太太致命的二次损伤，救她时先使劲地用双手掰开变形的座椅，然后再一点一点地把她从夹缝中移出来。成功救到车外后，面包车马上就要爆炸了，于是又一口气把老太太抱到了车后150米的地方。

稿件写到画线部分的细节时，记者首先用脚步在单位大楼下面的广场上量了一下150米距离大概有多远。有了大概的距离概念后，记者开始怀疑这里面有问题——因为根据左秀俊之前介绍，车祸现场着火的面包车5分钟左右就发生了爆炸，然而在他开始救最后一位车上被困人员老太太时，离车子爆炸大约只有2分钟时间。

2分钟左右的时间，要救出卡在两个变形座椅中间的老太太，然后再抱着她一口气跑150米，这几乎是不可能完成的事情——时间不够！于是记者立即把这一疑问向丽水市消防支队提出，最后支队领导安排战士抱着人进行跑150米的试验，最终又赶到车祸现场核实，确认150米的距离实际应为20米。

事实上,后来记者了解到,因为左秀俊连续救人后非常疲惫,加上精神处于高度紧张状态中,导致他跑20米感觉就像平时跑150米一样吃力。事后,丽水市消防支队领导多次提到这个细节,赞扬记者细心,才避免了一个事实性错误。

记者在采写稿件时,多一些"合理性"的怀疑,就可以从源头上把控稿件。但记者难免有百密一疏的时候,这就需要编辑继续把关了。

2019年10月,我们的编辑在看一篇题为《一个百人小村庄的发展路径》的通讯时,发现了这样一段描述:

在20世纪80年代初,坐落于大山深处的苏旺村,村民外出只能走山中小道,家中照明只能用蜡烛,与外界几乎隔绝。"记得最清楚的一件事就是由于山路陡峭,村里人娶个媳妇都要用牛来拉,非常不方便。"67岁的村民钟金福说,建造通村公路,就成了当时全村人共同的愿望。

我们从标题就很容易猜测出这篇通讯的大体内容和写作手法,即讲述一个村庄过去如何落后贫穷,在党的好政策支持下、干部的带领下、村民的奋斗下,如今这个村庄发展得如何如何好,村民们如何如何幸福等。而类似这样的文章,记者一定会使用"先抑后扬"的写作方式,也即尽量挖掘过去的"差",来烘托现在的"好"。

上述段落描述的内容,记者的写作目的很明确——说明苏旺村建造通村公路的迫切性。但是,钟金福说的这一句话,仔细琢磨,很容易发现是不合理的:牛拉新娘,怎么个"拉"法?用牛车拉显然不可能,因为"山路陡峭",人行尚且困难,更何况牛车;让新娘骑在牛背上行走也不现实,牛不是马,本身不适合骑行。平地里常年放牛的人骑着玩一会儿尚可,要在陡峭的山路上长距离骑行难以做到。

当班编辑就此向记者提出"合理性"的怀疑时,记者告知:其实在写作此稿时自己也曾闪现过这样的念头。但又转念想,钟金福是当地土生土长的村民,且年近七旬,他的话应该比较"权威"。因此,在行文中没有转叙,而是用直接引语,体现原汁原味。

后经多方求证,我们的编辑提出的疑问是有道理的。实际上,在松阳县、遂昌县等地的偏远乡村,20世纪的确有牛"拉"新娘的现象。不过,却不是《一个百人小村庄的发展路径》一文原稿中所写的原因——山路崎岖才用牛拉新娘。实际上,所谓的"牛拉新娘"是当地的一种民俗:过去村民迷信良辰吉日,所以经常会碰到同一天时间里,毗邻的村庄有两家甚至更多的人家娶亲。而当几位新娘要同向或相向走同一条山路时,晚出发的新娘就必须有人牵一头黄牛走在该新娘的前头。其寓意是:新娘是"新"的,当天不能走其他新娘走过的路,否则就变成"旧"娘了,不吉利;而黄牛踩过的路,就像刚犁过的田一样,是新的、吉利的。

如若不是当班编辑这一"合理性"的怀疑,这一知识性的差错没有发现,文章见报后会贻笑大方,严重影响党报的严肃性。

类似的知识性的差错,有时候可能出现在一个很不起眼的细节上。如果编辑看稿不够细致,就很容易忽略,如2020年5月15日《丽水日报》刊发的《沈荣飞:三上雪域高原送光明》一文当中的"秒回"两个字:

　　每天，妻子韦芬都会去看望父亲，照顾他们的饮食起居。还特意拍一些视频和照片给沈荣飞。为了能第一时间看到父亲的情况，沈荣飞的手机24小时不关机，<u>只要微信里发来父亲的信息，他都是秒回。</u>

　　文章主人公沈荣飞于当年3月底第三次进藏时，84岁的父亲已经肺癌晚期。在这里，记者为突出为人子的沈荣飞时刻牵挂老父亲的心情，使用"秒回"两个字。实际上，在这里使用"秒回"既不妥当更不合理。

　　不妥当，是因为"秒回"从侧面说明主人公工作时不在状态，时时把手机捧在手里。这与稿件的主题是相违背的。而不合理，是因为沈荣飞根本不具备"秒回"的客观条件。根据记者在稿件前面部分的交代，一方面是作为国家电网的施工工人，主人公在施工、驾驶等过程中，不可能回复信息；另一方面是西藏山区手机信号不好，自然不具备随时随地回复信息的条件。为此，编辑把"秒回"改成了弹性更大的"第一时间"。

　　新闻采编是一系列多人参与、分工协作的过程，一篇稿件见报前，要经历记者的采写以及三审、校对等程序。在这个过程中，为尽可能减少差错，不仅前端的记者、编辑要多一些"合理性"的怀疑，二审、终审也要时时警惕。因为，在你前面任何一个环节都有可能重新替稿件埋下一个"炸弹"。

　　譬如2020年5月第30个全国助残日来临前夕，我们的记者采写了一篇聋哑外卖小哥的人物故事。稿件进入二审程序后，《聋哑人叶桂：自强不息送外卖》这篇文章中，有这样一段内容：

"他来到我办公室时，我吃了一惊，之前我们从来没有招募过聋哑人外卖配送员，与他的沟通是吃力的。看不懂他的手语，我们只能用打字的方式交流。他告诉我，他缺钱，需要一份工资高点的工作。从他的眼神里，我看到了一种坚定，我们的聊天持续了一个半小时，我被他的自强、自立感动，<u>于是向公司申请了这个特殊岗位，最后得到了公司的支持。</u>"应肖南回忆起当时的情景记忆犹新。

对稿件进行二审的部门主任，看到前段画线部分文字时，向记者提出了质疑：根据该文之前的介绍，应肖南是"饿了么"丽水公司总经理，是公司行政一把手，由他来招聘一位聋哑人当外卖配送员，还要向公司申请，得到公司支持？这样的描述肯定是有问题的，如果公司设有董事会，总经理应该是向董事会申请，由董事会批准。如果公司没有设董事会，那么总经理就代表公司说了算，自然不存在自己向自己申请的事情了。

面对部门主任提出的这一"合理性"的怀疑，记者刚开始一头雾水。后来进一步了解才发现，这个"不合理"的细节，竟然是编辑"惹的祸"。原来，上面画线部分，记者的原稿写的是"公司有关负责人回忆起当时的情景记忆犹新"。而这个"公司有关负责人"指的是"饿了么"丽水公司人事部经理。因为这个部门经理在整篇通讯稿件中只出现了这么一次，记者便没有写出名字。

可见原稿是没有问题的，公司有关负责人指的是招聘的负责人，即人事部经理。因为应聘者情况特殊，超出了人事部经理的职权范围，向公司汇报是合情合理的事情。然而，编辑在看稿件时，误以为"公司有关负责人"就是前文多次出现过的"公司负责人",即总经理应肖南。于是,编辑为了让稿件更具有真实性,就把"公司有关负责人"直接改成了"应肖南"。这一改,反而改出了问题。

因此,最后我们纠正了这一差错,将"应肖南"明确为"'饿了么'丽水公司人事部经理杨宏杰"。

一篇消息的写作（上）：细节取舍

如果把新闻作品比喻成一个生机勃勃的人，那么，结构就是骨架，细节则是皮肉。没有骨架，皮肉再精美，这人也不能立起来；如果只有坚实的骨架，没有皮肉或者皮肉有瑕疵，同样不能成其为人。因此，一篇优秀的新闻作品，不仅要有独到的结构，更要有鲜活而恰到好处的细节。

每个人的骨架大同小异，但皮肉却千差万别。因此有人美，有人丑，有人风度翩翩，有人尖嘴猴腮。可以说，细节在某种程度上决定一篇作品的好坏。对于上千字的通讯、特写，好细节可以恣意徜徉，但限于几百字的消息写作，细节则面临取舍的问题。

2020年5月底，我们得到一条新闻线索：松阳县裕溪乡一个名叫"霭溪"的村庄里，每年春天都有一对猫头鹰飞到同一户农家的阁楼上孵蛋育雏，至今已经连续30年了。

这一看似普通社会新闻的线索，仔细分析实则蕴含丰富的信息：

首先，丽水是习近平总书记"绿水青山就是金山银山"理念的重要萌发地和先行实践地。国家二级保护动物猫头鹰如此固定地出现，充分说明丽水作为"重要萌发地"名副其实、作为"先行实践地"成效明显。

其次,党的十八大提出了生态文明的理念。该理念当中有一个很重的内容,就是"尊重自然、顺应自然、保护自然"。一个普通的农民家庭,能让猫头鹰几十年如一日到家里育雏,体现了对践行生态文明理念的自觉性。

最后,2020年世界地球日,我国的宣传主题是"珍爱地球 人与自然和谐共生"。猫头鹰能连续30年到同一农家育雏,说明人鸟之间的关系非常融洽,很好地体现了"人与自然和谐共生"这一主题。

此外,该题材在特殊的时间节点上,其时代意义更加凸显,即新冠肺炎疫情席卷全球后,野生动物保护在全国乃至全世界范围内都受到了前所未有的重视。

为此,我们把该题材作为一篇精品消息来打磨。而对于一篇消息稿件来说,其结构基本是倒金字塔的模式,创新的余地相对通讯、特写来说几乎是零。因此,要把这篇消息做好,只能把精力放在细节上。

而一篇稿件的细节,主要分为两个方面:一是细节(材料)的取舍;二是细节(内容)的推敲。在这篇文章中,我们先解决第一问题,即"细节取舍"。记者深入当地采访后,挖掘出了大量的细节材料:

①主人袁林伟家的特殊位置。房子位于一个山谷,周边林木茂盛;单门独户,距离村民聚居地较远,环境僻静。

②大量的燕子飞到袁家做窝。自房子建成后,每年都有许多燕子光顾。最多一年,堂前、走廊等的木板下有19个燕子窝,最少的一年也有5个燕子窝。而且这些燕子窝从形状上分辨,可以知道属于3种不同的燕子。

③袁家的人对燕子非常友好。袁林伟父亲袁荣土,为了让燕子做窝更轻松,专门找来梯子,在楼板的横梁下钉了50多枚钉子,燕子可以直接把窝做在钉子上。

④第一次发现猫头鹰的情况。1989年袁林伟8岁时,第一次在家门口发现从猪圈上的稻草窝里跌落的雏鹰。他想抓着玩,被爷爷袁根法制止。爷爷还第一时间把雏鹰送回了窝里。

⑤村里的孩子多次来看雏鹰。袁林伟家门口发现猫头鹰的消息,很快传遍了全村,孩子们纷纷跑到他家来看雏鹰。其中有四五个小孩连着几天跑来看,还想抓着玩,袁林伟不让,只准他们远远地看。

⑥猫头鹰第二年没有再出现。猫头鹰第一次到袁家猪圈上育雏,可能是雏鹰掉到地上受到惊吓,以及后来村里的孩子经常跑去看等原因,导致第二年猫头鹰没再到猪圈上的稻草堆里做窝育雏。

⑦猫头鹰到袁家阁楼背做窝。1991年,猫头鹰又飞回来了,并且在袁家阁楼背上做窝育雏。而且自此开始30年来,再也没有挪过窝了。

⑧猫头鹰经常在楼板上活动。有一次袁林伟上楼拿东西,

发现雏鹰在阁楼的楼板上来回踱步。后来,袁家人在楼下要是听到楼上有声响,就知道是雏鹰出来活动了。每次袁家人走到它们身边时,它们就会发出"嗷咔嗷咔"的声音,好像在和人交流。

⑨袁家的人很熟悉猫头鹰习性。袁林伟母亲程水凤能学出一年四季猫头鹰不同的叫声,她还能从楼板上的啄击声和脚步声中,大概推知孵化了几只雏鹰。

⑩袁家的人对外人保守秘密。有了第一次的"教训"后,为了保护猫头鹰,尽量不让村里的孩子来打扰雏鹰,袁家一直对外人保守猫头鹰飞到家里育雏的秘密。

⑪猫头鹰每年孵育雏鹰情况。猫头鹰每年2月底飞到袁家,5月底带着孵育的3到5只雏鹰返回大自然。30年来,保守计算,总共有100多只猫头鹰在袁家出生并健康成长。

⑫各种措施保护学飞期雏鹰。主人家和村民都养有土狗,而土狗又会叼走还不太会飞的雏鹰。为此,主人在楼梯口放置了蚕帘当障碍物,防止土狗上楼;同时防止学飞时跌入一楼地面的雏鹰被狗叼走,袁家人一方面第一时间把雏鹰送回阁楼,另一方面外出时锁上大门。

⑬袁家开着厨房门方便村民。农村里一般人都不锁门,一

方面是乡下人淳朴，也没什么值钱的东西需要注意；另一方面随时有在附近干活的村民进来喝茶。为保护猫头鹰，袁家人外出时锁了大门，这一行为在村里有些"特立独行"，容易被人说闲话。为此，袁家特意敞开房子侧面的厨房门，方便村民。

⑭和雏鹰朝夕相处感情深厚。程水凤白天大多时间在家里，因此她和雏鹰待在一起的时间特别多，感情也特别深厚。同时因为母性的使然，她又特别关心雏鹰的安危。因此，她每天都要上楼看好几回雏鹰。

⑮2020年5月中旬，一只雏鹰掉到房屋一楼地面，袁荣土第一时间把它送上楼。没想到他手捧雏鹰刚走到楼上时，误以为雏鹰受到伤害的大猫头鹰，突然飞撞过来，用爪子划伤了袁荣土的脸。

⑯外甥外甥女都很喜欢雏鹰。袁林伟有两个姐姐，每年"五一"假期，姐姐、姐夫都会带着外甥和外甥女回到袁家住上几天。这期间，孩子们经常一整天待在雏鹰身边，甚至到了吃饭时间也不愿意下楼。

⑰外甥女蓝雨欣曾撕网救鸟。蓝雨欣是袁林伟二姐的女儿，从小就看着猫头鹰长大。爱屋及乌，因此她对所有的鸟都很喜欢。在她自己的村里，有人为防止鸟儿偷吃桑葚，在桑葚树外铺设了防鸟网。有一次，蓝雨欣看到一只鸟被网死死缠住，她

便不顾一切地撕开了网，放生了鸟儿。

⑱叔叔为猫头鹰推迟了拆房。西侧和袁林伟房子紧挨的，是他叔叔的老房子。2019年春节过后，叔叔本打算拆掉房子到村里规划区内建新房。然而，这时候刚好是猫头鹰返回袁家的日子。为了不影响猫头鹰育雏，叔叔硬是拖到5月底猫头鹰带着雏鹰飞走了，才开始拆房子。

⑲袁家多次为猫头鹰不拆房。袁林伟现住的老屋建起来已经有40多年了，这些年来，村里大多数人都拆了老屋建新房或到城里买商品房。为了猫头鹰，袁家曾三次放弃了拆房。第一次是在十几年前，霭溪村为村民们集中建房。第二次是在去年，袁林伟叔叔建议他们一起建新房，住在一起相互有个照应。今年有人建议袁家拆了老屋去村里集聚地建房或去县城买房，这样可以拿到政府几万至几十万元的奖补资金。

上述列举的19个细节，其实并非记者采访到的全部材料。只是相对来说，这些细节材料和主题的关联度较高。即便是这些细节，已经有将近1800字。细节是散乱的珠子，要成为一条精美的项链，还得把这些散乱的珠子用一条线串起来，这"线"就是过渡性的语段。因此，加上这些语段，稿件一定会超过2000字。

然而，一篇规范的消息稿件，最后呈现在报纸上的只能是几百个字。由此，在写作时，我们就面临一个细节材料取舍的问题。而哪些细节该取，哪些细节要"忍痛割爱"，其实只需遵守一条规则，即学生作文"第一铁律"——围绕中心，突出主题。道理说起来很简单，但能够操作到位，才真正见功夫。

猫头鹰连续30年飞入松阳同一户农家育雏这一题材，其主题是明确的：从面上来说，就是体现秀山丽水好生态，突出人与自然和谐共生；具体到点上来讲，则要体现出农民家族和猫头鹰家族之间"跨种族的友谊"。

仔细分析这19个细节，可将其分为三种情况，即直接舍弃、直接取用和优化后取用。在此，我们对直接舍弃的8个细节简单阐述理由：

细节①②③，说明了袁家特殊的地理位置、良好的生态，成为野生鸟类的"天堂"。写作第一稿时，我们试图把袁家描写成一个"百鸟园"，以及袁家人对各种鸟儿的爱护。后来删除细节②③，主要考虑要紧密围绕"人与猫头鹰"的故事展开。

细节④至⑦，讲述的是袁家人第一次发现猫头鹰后的情形，以及猫头鹰中断一年后再次飞回来做窝的情况。这4个细节，最后我们舍弃了中间的2个，主要原因是过程叙述太过烦琐，留下④⑦2个细节便足以讲清楚事实。

细节⑧至⑪，主要反映的是猫头鹰在袁家的一些情况。虽然细节⑧⑨能在某种程度上说明人鸟的和谐共生，但内容较为普通，取用后会让消息稿件有一种拖沓感，因此也舍弃了。至于细节⑩，因为细节⑤⑥已被删除的缘故，我们将其优化成了一句话，即"为保护雏鹰，袁家一直对外人保密"。细节⑪涉及多个数字，具有很强的说服力。因此，该细节直接取用。

从细节⑫开始一直到⑰，全都是体现袁家人如何关心、呵护雏鹰的。其中，细节⑫和⑮优化为这样的一段话：

"雏鹰学飞期最危险，一旦掉到地面，要马上把它送回楼上。"袁林伟父亲袁荣土说，村民养有土狗，要时刻提防。白天家人外出，得锁上大门。

而细节⑬，因为和主题紧密度不够且叙述烦琐，故此舍弃。细节⑭因为程水凤"母亲的角色"和母猫头鹰的角色类似，我们直接取用。细节⑯和⑰，也优化为一句话：

受大人影响，外甥女蓝雨欣也特别喜欢猫头鹰，每年"五一"都专程来看望、守护雏鹰。

⑱⑲这2个细节，都是房子与猫头鹰之间的故事。细节⑱讲的是，袁林伟叔叔为了不影响猫头鹰当年到袁家育雏而推迟拆房。虽然这个细节，也很能说明袁家人对猫头鹰的爱护。但是，文章中突然冒出一个"叔叔"很唐突，因此直接舍弃。

至于细节⑲，从表面上看，袁家为保护猫头鹰付出很多。但真实性存疑，故此做了简化、优化处理——省去了具体的次数。

综上，我们在写稿过程中，19个细节直接取用的只有3个细节；而直接舍弃的却多达8个，几近一半；优化后取用的也有8个。

一篇消息的写作（下）：细节推敲

一篇消息，经过前期的采访、细节材料的取舍以及初步组织后，其雏形大抵已经形成。如果把新闻作品比喻为产品，这还只是毛坯，需经认真细致打磨后，才能推向市场。这里所说的"毛坯打磨"，指的就是细节推敲。

"猫头鹰连续30年飞到松阳同一户农家育雏"这一题材，经过大量的细节取舍和优化组合后，我们便得到了这样的一篇消息初稿：

①祖孙四代践行人与自然和谐共生理念
②野生猫头鹰连续30年飞入一农家育雏

③"猫头鹰就像亲人，每年来了全家人都特别开心；带着小猫头鹰飞走了，我们又特别想念。"昨日下午，袁林伟站在门前，望着后山莽莽的树林恋恋不舍地说。自1991年始，每年春天都有一对野生猫头鹰飞到袁家阁楼顶孵蛋育雏。30年来，已有100多只雏鹰在袁家祖孙四代精心呵护下，飞向大自然。

驾 驭 细 节
新闻内容如何把关?

松阳县裕溪乡霭溪村村民袁林伟的房子,位于三面绿树环绕的山谷,距村民聚居地500多米。④1989年5月,袁家首次发现猫头鹰。那天早上,有人看到猪圈门前趴着一只雏鹰。原来在猪圈上的稻草堆里有一个猫头鹰的窝,雏鹰不小心掉到了地上。⑤8岁的袁林伟想把雏鹰捉去玩,被爷爷袁根法制止了。"爷爷说,我抓走小猫头鹰,它爸爸妈妈会伤心的。猫头鹰会抓老鼠,和燕子一样都是我们的朋友,要好好保护。"袁林伟回忆,当时爷爷马上把雏鹰捧回了窝。

⑥1991年春,袁家人发现猫头鹰又飞回来了。只是这次的窝不在猪圈上,而是袁家东侧厢房阁楼顶上。更让人惊喜的是,此后每年2月底都有一对猫头鹰如期而至,5月底再带着雏鹰返回大山,至今从未间断。⑦"每年三五只,30年来在我家出生的雏鹰有100多只。"袁林伟说,他最高兴的是这么多雏鹰在他家出生,没有一只夭折。

猫头鹰连续多年飞入农家育雏,和袁家祖孙四代爱鸟护鸟的意识分不开。为保护雏鹰,30年来袁家一直对外人保密。"雏鹰学飞期是最危险的,一旦掉到地面上,要马上把它送回阁楼。"袁林伟父亲袁荣土说。村民养有土狗,要时刻提防。白天家人外出,则要锁上大门。袁林伟母亲程水凤和猫头鹰朝夕相处,把每只雏鹰都当"家人"看待:"我早上一起床就要去看小猫头鹰,晚上睡前还得再看一眼才安心。"受大人的影响,外甥女蓝雨欣也特别喜欢猫头鹰,每年"五一"都专程来看望、守护雏鹰。

这两年,⑧富起来的村民纷纷拆掉老屋建新房或买房。"我家要是拆掉老房子,政府有10多万元补贴。"爷爷奶奶已去世,袁林伟也想早日让父母住上新房,但是一想到猫头鹰这一特殊的"家庭成员"就犹豫了。⑨"为了猫头鹰,我爸妈也不愿意拆。"⑩袁家担心猫头鹰在野外育雏会降低成活率。

"飞到袁家的猫头鹰叫领角鸮,属国家二级保护动物。野生领角鸮连续30年到同一户农家做窝孵育,非常罕见。动物也是有感情的,正是袁家人的友善对待,引来领角鸮一代代连续而来。"市野生动植物保护协会常务理事李煊说。人与自然和谐共生,每位市民都可以做出贡献。

这篇近千字的初稿,粗看已基本达到刊发的要求了。但是如果仔细分析,还有很多细节值得推敲。下面就对10个标记的细节进行逐一分析:

细节①②分别是消息的引题和主标题,一篇消息的好坏,其标题至关重要。

2020年第51个"世界地球日"的宣传主题是"珍爱地球 人与自然和谐共生",这篇消息的引题用"人与自然和谐共生"的概念,看似非常"高大上"。但是,认真分析起来,这完全是我们一厢情愿的"拔高"之举:一个普普通通的乡下农民家庭,哪知道要践行"人与自然和谐共生"理念?

因此,引题的修改方向是"朴实一点"。于是,我们把引题改为"祖孙四代把领角鸮当'家人'对待"。这样改的好处是"就事论事",不再随意"戴高帽"了。但新问题又来了:尽管根据"引题、主题、副题尽量避免出现重复的字词"这一原则,我们没有把引题直接改成"祖孙四代把猫头鹰当'家人'对待",可"领角鸮"就是猫头鹰,和主题上的"猫头鹰"概念还是重复的,读来总有些不尽如人意。

"领角鸮"能不能用另外一种称呼代替?从"猫头鹰"到"领角鸮",两个名词的范围是从大到小的。那么能否换个思路,引题里的这一名称,范围比主题里的"猫头鹰"范围更大?于是第二次修改后,引题变成了"祖孙四代把国家保护鸟类当'家人'对待"。

从"领角鸮"到"国家保护鸟类",显然其外延扩大了很多。同时也很好地避免了概念的重复。只是"国家保护鸟类"读来似乎有些拗口,最后干脆又具化成"国家二级保护动物"。经过三次修改后,引题最终确定为"祖孙四代把国家二级保护动物当'家人'对待"。

至于主标题"野生猫头鹰连续30年飞入一农家育雏",则主要存在两方面的细节问题:

一是不够简洁。猫头鹰是国家二级保护动物,未经特殊许可不准养殖。国外虽有人养猫头鹰当宠物,但在国内目前人工养殖猫头鹰没有价值,故无人驯养。因而,主标题中"野生"两个字可以去掉,正文内亦是如此。此外,主标题中的"连续"和"一"这3个字,去掉不影响意思的表达。

二是不够准确。经过删减后的主题少了5个字,变成了"猫头鹰30年飞入农家育雏"。但是,这样的主标题读起来总感觉缺少一点什么,表述似乎不够完整。在主标题当中点明地点"松阳",既能突出新闻的地域性,又能让句子意思的表达更准确。此外,为强调猫头鹰到农家育雏的"决心",更加突显消息作品"人与自然和谐共生"这一主题,我们又加入了"风雨无阻"这个成语。

综上,经反复推敲后的主标题,修改为"猫头鹰30年风雨无阻飞入松阳农家育雏"。

我们再来看细节③,即消息的导语部分。导语写作的基本要求包括三方面:必须有实质性的内容,不能空泛无物;提供最具有新闻价值、最有吸引力的事实;炼字炼句,表达简洁准确。

该消息的导语由4句话组成,其中前两句为消息的由头。对照检查,后两句话基本符合要求。但前两句"'猫头鹰就像亲人,每年来了全家人都特别开心;带着小猫头鹰飞走了,我们又特别想念。'昨日下午,袁林伟站在门前,望着后山莽莽的树林恋恋不舍地说"显然不是"事实性"的内容,语义表述上也值得推敲。

首先,消息由这两句主观描述性的话开始,缺少新闻事实的支持。如果加入"当年猫头鹰在袁家的育雏情况"这一客观事实,即"孵育了3只雏鹰,前几天刚飞走",消息的由头就会变得充实起来。

其次,引题里已经把猫头鹰定义为"家人",而由头里又把猫头鹰比喻为"亲人",显然是前者的关系更进一步,故此要统一为前者。"亲人"改为"家人",由头里的直接引语也要做相应调整才准确——既然猫头鹰是"家人",就不能用"来了",而应该是"回来",即包含"回家"的意思;而"全家人"也要改成"我们",即指袁林伟和他的父母。修改后的新闻由头具体为:

"猫头鹰就像'家人',每年回来我们都很开心,每次离开又特别想念。今年孵育了3只雏鹰,前两天刚飞走,应该还在附近。"昨日傍晚,袁林伟在家门前,目光不停搜寻着后山的树林。

细节④的问题，主要是容易造成时间上的混乱，"1989年5月，袁家首次发现猫头鹰"容易误读为"1989年5月，袁林伟的房屋里首次发现猫头鹰"。而事实上，这里发现的猫头鹰并不在袁家房屋内，而是房屋外的猪圈上。这涉及时间的起算点，因此这个细节很重要。修改时，我们把"袁家"明确为"袁林伟"，即"1989年5月，8岁的袁林伟在屋外猪圈前空地上发现一只雏鹰"。

我们经常看到一些新闻作品，爷爷奶奶和祖父祖母、爸爸妈妈和父亲母亲在同一篇文章里随意转化。这虽然不是一个原则性的错误，但作为一篇严谨的作品，我们还是要遵守书写规则。即在叙述性的语言中，应当用书面语"祖父母、外祖父母、父母"，而在转述或者直接引语中，则统一为"爷爷奶奶、外公外婆、爸爸妈妈或者爹和娘"等口头语。

细节⑤涉及书面语和口头语统一的问题。"8岁的袁林伟想把雏鹰捉去玩，被爷爷袁根法制止了"，这里的"爷爷"应改成"祖父"。同理，细节⑧后面的"爷爷奶奶已去世，袁林伟也想早日让父母住上新房"，这里的"爷爷奶奶"应改成"祖父母"。

细节⑥这段表述中，"1991年春，袁家人发现猫头鹰又飞回来了"容易让读者误解：以为猫头鹰飞入农家育雏的时间是从1989年算起，而非1991年算起。如果这样，主标题中的"30年"就不对了，而应该是"32年"。为了逻辑更加严密、表述更加准确，该段落前面部分修改为：

　　猫头鹰开始连年不断地到袁家育雏是1991年。当年春天，消失很久的猫头鹰又飞回来了，并把窝做在东侧厢房阁楼顶。

让人想不到的是，猫头鹰从此30年再没挪过窝。

细节⑦直接引语中的"30年来在我家出生的雏鹰有100多只"，与消息导语里的最后一句话"30年来，已有100多只雏鹰在袁家祖孙四代精心呵护下，飞向大自然"重复。为此，把袁林伟的直接引语和间接引语一起修改为：

"每年2月底都有一对猫头鹰如期而至，5月底再带着三五只雏鹰返回山里。"袁林伟说。他最高兴的是这些年100多只雏鹰出生，没有一只在他家夭折。

细节⑧主要涉及一个"怎样让消息的叙事更简单明了"的问题。为推进新农村和城镇化建设，当地农民拆掉老房子，到村里规划区建房的，每户每个人可补贴1.5万元；不再建房，而是到县城购买商品房的，每户每人补贴9万元。然而，在农村放弃建房到县城买房的毕竟是少数：一是农民的田地都在农村，到县城生活，谋生是个问题；虽然购买商品房补贴高，但总价也高，还要装修费用等。因此，为叙事方便，此处无须写购买商品房的情况，而政府补贴的数额也由"10多万"调整为"好几万"。

细节⑨"为了猫头鹰，我爸妈也不愿意拆"这句话，在现实生活中存在"合理性"的问题。我们很愿意相信袁家人对猫头鹰的真挚感情，但要说完全因为猫头鹰的原因而不愿意拆房，可信度不强。为此，修改时，在后面加了一句话："为了猫头鹰，我爸妈也不愿拆。他们认为老屋稍加装修，也能改善居住条件。"

细节⑩就一句话:"袁家担心猫头鹰在野外育雏会降低成活率。"这句话表面上看,是袁家人对猫头鹰的关心。可是往深一层次细想,这种担心反而是"不道德"的,因为猫头鹰是野生的,雏鹰的成活率,不应人为干涉。这也是生态文明理念中很重要的一个方面,即尊重自然、顺应自然。袁家人的担心是事实,我们可以换一种表述:袁家担心猫头鹰会因新建房屋不适而不再前来入住。

附:见报消息稿

祖孙四代把国家二级保护动物当"家人"对待
猫头鹰30年风雨无阻飞入松阳农家育雏

本报讯(记者 金小林 兰伟香)"猫头鹰就像'家人',每年回来我们都很开心,每次离开又特别想念。今年孵育了3只雏鹰,前两天刚飞走,应该还在附近。"昨日傍晚,袁林伟在家门前,目光不停搜寻着后山的树林。30年来,每年春天都有一对猫头鹰飞到袁家阁楼顶育雏,先后已有100多只雏鹰在袁家祖孙四代精心呵护下飞向大自然。

松阳县裕溪乡霭溪村村民袁林伟的家,位于三面绿树环绕的山谷,距村民聚居地500多米。1989年5月,8岁的袁林伟在屋外猪圈前空地上发现一只雏鹰。原来,猪圈上的稻草堆里有个猫头鹰窝,雏鹰不小心掉了下来。袁林伟想把雏鹰捉着玩,却被祖父袁根法制止了。"爷爷说，抓走小猫头鹰，它爸妈会伤心的。猫头鹰和燕子一样都是人类的朋友，要好好保护。"袁林伟回忆，当时爷爷马上把雏鹰捧回了窝。

猫头鹰开始连年不断地到袁家育雏是1991年。当年春天，消失很久的猫头鹰又飞回来了，并把窝做在东侧厢房阁楼顶。让人想不到的是，猫头鹰从此30年再没挪过窝。"每年2月底都有一对猫头鹰如期而至，5月底再带着三五只雏鹰返回山里。"袁林伟说，他最高兴的是这些年100多只雏鹰出生，没有一只在他家夭折。

猫头鹰连续几十年飞到袁家育雏，和袁家祖孙四代爱鸟护鸟的好意识分不开。为保护雏鹰，袁家一直对外人保密。"雏鹰学飞期最危险，一旦掉到地面，要马上把它送回楼上。"袁林伟父亲袁荣土说。村民养有土狗，要时刻提防。白天家人外出，得锁上大门。袁林伟母亲程水凤和猫头鹰朝夕相处，把每只雏鹰都当"家人"看待："我早上一起床就要去看小猫头鹰，晚上睡前还得再看一眼才安心。"受大人影响，外甥女蓝雨欣也特别喜欢猫头鹰，每年"五一"都专程来看望、守护雏鹰。

这两年，富起来的村民纷纷拆掉老屋建新房。"我家要是拆掉老屋，政府会给好几万元补贴。"祖父母已去世，袁林伟也想早日让父母住上新房，但一想到猫头鹰这特殊的"家庭成员"就犹豫了。"为了猫头鹰，我爸妈也不愿拆。他们认为老屋稍加装修，也能改善居住条件。"袁家担心猫头鹰会因新建房屋不适而不再前来入住。

"飞入袁家的猫头鹰是领角鸮，属国家二级保护动物，领角鸮30年到同一农家育雏很罕见。动物也是有感情的，正是袁家人的友善对待，引得领角鸮代代连续而来。"市野生动植物保护协会常务理事李烜说。人与自然和谐共生，每个人都可以做出贡献。

(《丽水日报》2020年6月2日1版)

猫头鹰报道引发的反思

2020年，一则关于猫头鹰几十年飞入农家育雏的新闻从5月中旬开始持续升温，先后引起省级和国家级媒体的关注。至当年6月底，包括新华社客户端、新华网、人民网以及人民网官方微博等在内的国家级媒体，纷纷报道或转发。新华社浙江分社还专门派出记者赴当地采写对外宣传稿件。

作为该新闻发生地的市级媒体，《丽水日报》也充分认识到猫头鹰题材的新闻价值：丽水是习近平总书记"绿水青山就是金山银山"理念的重要萌发地和先行实践地，猫头鹰长年累月飞入农家育雏，既能充分体现丽水生态环境的优越性，又能反映出人与自然和谐共生的关系。

为此，我们的记者深入这一新闻的事发地采访，精心写稿，于当年6月2日在《丽水日报》1版头条上，刊发了消息稿《祖孙四代把国家二级保护动物当"家人"对待 猫头鹰30年风雨无阻飞入松阳农家育雏》。

全国、省、市、县四级媒体，党报、都市报、广电、新媒体等不同级别、不同类型的媒体同题报道，除去时政宣传外，这种现象并不多见。也因此，猫头鹰报道是观察媒体业务水平、价值取向，反思得失的一个很好的机会。

纵观全国媒体对猫头鹰的报道,有三个细节值得我们反思。

39减去10等于29?

我们先来梳理一下猫头鹰报道中基本的新闻事实:

> 在松阳县裕溪乡霭溪村的一个山谷里,有一栋远离村民聚
> 居地的老房子。房主39岁的儿子袁林伟,10岁时第一次迎来猫
> 头鹰到家中阁楼育雏。此后每年2月,猫头鹰都会如期而至,5
> 月底带着雏鹰重返大自然。

细心的读者对全国媒体关于猫头鹰的报道,首先会有一个很大的疑惑,即猫头鹰飞入松阳农家育雏,到底是29年还是30年?

表面上看,这只是一个数字问题——一年之差,并不会削弱新闻所要体现的"人与自热和谐共生"这一主题。但从新闻的严谨性和准确性要求看,这却是一个非常关键的细节——这"一年之差"的背后,隐藏的是一个思维误区,即"惯性思维误区"。

最早公开报道猫头鹰飞入松阳农家育雏的,是松阳县融媒体中心广电节目。作为首发媒体,该中心将猫头鹰飞入农家育雏的前后时间确定为29年。在松阳县融媒体中心的官方微信公号"松阳新闻"上,有这样一段叙述:

> 据房主的儿子袁林伟介绍,他今年39岁。在他还是10岁小
> 孩的时候,第一次见到猫头鹰飞入他家安窝。他和父母及两个

姐姐，都很善待这可爱的小精灵。29年过去了，如今猫头鹰依然每年如期而至，在此安窝、下蛋、孵化，繁衍生息，长成之后又回归大自然。

从这段文字中我们可以很清晰地知道，首发记者在写稿时，很自然地运用了这样的思维去得出结论：袁林伟今年39岁，猫头鹰第一次飞入他家时，他10岁，39减去10等于29。所以，猫头鹰已经连续29年来袁家做窝了！

"松阳新闻"初发后，丽水广电和省广电在电视新闻或在其新媒体转发时，都一律沿用了"29年"的说法。这期间还有其他一些媒体的微博、微信公众号转发"松阳新闻"的报道。全网汇总起来，不下20家媒体。而每一家媒体都实行三审制度，那么至少有60人认同首发记者的思维。

而事实上，在猫头鹰报道这一案例中，不能简单地用39岁减去10岁来计算猫头鹰具体到袁林伟家育雏的年数。这里要考虑到一个具体的时间节点，即猫头鹰每年2月来5月走。而2020年媒体报道时，已经是5月份了。实际上袁林伟10岁时猫头鹰第1次来，11岁就是第2次。以此类推，他19岁猫头鹰就已经是第10次来，39岁就是第30次来。

因此，丽水日报的记者在写稿时纠正了这个细节错误，明确了"猫头鹰飞入农家育雏"的时间是30年，而非29年。

在这个简单的算术题面前，竟然有这么多的媒体人"栽跟斗"！显然并不是这些人不会算，而是一开始就进入了"惯性思维误区"：首发记者想当然用了39减去10的算法；转载媒体的编辑和审稿人想当然认为转载的内容不至于会在这个问题上出错。

这种"惯性思维误区",对媒体来说,今天初犯,只是一个"无伤大雅"的小差错;但是明天再犯,很有可能就是一个致命的政治性差错。

新闻噱头等于亮点?

猫头鹰报道的后期,不少人在朋友圈里转发了一篇国家级媒体的稿件,该稿件的题目是《为了猫头鹰,"浙"家人30年不搬家不修房》。从客户端阅读量看,这条稿件已经达到了100万以上。

如果单看传播效果,显然这是非常好的。转发的人基本上都是点赞袁家人保护猫头鹰、与猫头鹰和谐共生的行为。然而,一位地市党报的领导,却在这条朋友圈下面这样评价:"美好到怀疑他们的真实性!"

懂行的人都能看出,这是来自一位新闻专业把关人的质疑:仅仅为了猫头鹰每年能到家里来育雏,袁家人30年来不搬家不修房?其可能性不大,其合理性存疑。而这样的疑问,在百万读者当中,或许也不在少数,只是他们惰于去表达罢了。

细细分析猫头鹰报道,新闻事实很简单,关键看媒体如何去挖掘它背后蕴藏的新闻亮点。这一题材,可以提炼成一篇反映主旋律的"要闻",也可以处理为一篇吸引眼球的"趣闻"。这两者之间最大的区别在于报道的目的不同,前者侧重于弘扬主旋律、传播正能量,后者则倾向于吸引读者的眼球,进而为媒体增加流量。

正因为不同媒体报道的出发点不同,其选择这一题材的切入点也不同;正因为报道目的不同,在不同的媒体看来,同一题材的新闻亮点也就不同了。新闻亮点和切入点的选取,在某种程度上代表了一家媒体对某一题材的价值取向。而在读题时代尤其是新媒体传播时代,这种价值取向，往往能从其标题中窥见端倪。

猫头鹰报道亦是如此，下面是部分媒体关于猫头鹰报道的标题：

①《隐藏了29年的秘密！松阳这幢老房子里究竟有啥？》

（"松阳新闻"微信公众号）

②《29年不缺席！松阳村子里藏着一个暖心猫头鹰"月子中心"！》

（"丽水新闻"微信公众号）

③《29年不缺席 松阳大山里的老房子年年有特殊"客人"来访》

（"浙江新闻"APP）

④《"小可爱"连续29年到访，为了它们，村民决定……》

（光明网）

⑤《29年猫头鹰年年回到农家屋，"猫头鹰哥"袁林伟：我也要扎根在这里！》

（新蓝网）

⑥《祖孙四代把国家二级保护动物当"家人"对待 猫头鹰30年风雨无阻飞入松阳农家育雏》

（《丽水日报》）

⑦《左邻右舍早已搬空 浙江这户人家守着深山里的老房子一守30年 因为，猫头鹰一家年年都要来!》

（《都市快报》）

⑧《丽水这户人家30年来一直是猫头鹰"月子中心"担心猫头鹰不来入住一家人坚持不建新房》

（《钱江晚报》）

⑨《30年，丽水这一家祖孙四代不拆老屋，只为等TA归来……》

（腾讯网）

⑩《为了猫头鹰，"浙"家人30年不搬家不修房》

（新华网）

从上述10个标题中，我们不难看出这些媒体都把"新闻亮点"瞄准了3个关键词：猫头鹰、农户和房子。前6个标题除④外，虽然侧重点有所不同，但总体上还是比较客观地处理"新闻亮点"的。而标题④的末尾用了省略号，实际上已经开始倾向于新闻噱头了。从标题⑦直至⑩，新闻噱头的倾向逐渐增强。

为什么说上述相关标题涉嫌变"亮点"为"噱头"？焦点就在于房子上。实际上，农户的房子始建于20世纪70年代初，至2020年还不到50年。所谓"左邻右舍"，事实是没有"左邻"，只有一户"右舍"，即袁林伟的叔叔，也是2019年夏天才搬走。而当地农村大量地拆旧房建新房，也是近10年的事，并非"30年来"。

而最让人怀疑的是：单单为了猫头鹰，30年不搬家不修房。事实也并非如此，袁林伟透露，猫头鹰只是一方面的原因，或者是对外的"借口"。同时还有其他重要的因素：一是泥木结构的老房子居住条件还不错，冬暖夏凉；二是老房子在乡下越来越值钱，将来可以考虑开农家乐；三是建新房需要一大笔钱，目前一家人经济并不宽裕。

一个题材的新闻事实是客观地摆在那里的，而其蕴含的新闻亮点则需记者去挖掘。由于媒体自身定位不同，此媒体挖掘的"亮点"，在彼媒体看来有可能只是"鸡肋"。"横看成岭侧成峰"，媒体可以从不同的角度去找新闻亮点，但是有一个底线必须坚守，那就是不能片面追求新闻亮点而进行人为拔高，把新闻噱头等同于新闻亮点。

正面报道等于多赢?

从地方到中央的各级媒体，之所以对猫头鹰飞入松阳农家育雏这一题材趋之若鹜，是因为该题材不仅具有趣味性，同时跟当前急需宣传"人与自然和谐共生"理念分不开。因此，无论从媒体自身还是从社会责任角度考量，猫头鹰题材都是值得大书特书的正面报道。

任何一篇报道的刊发，都会牵涉到四个方面：被报道对象、媒体和记者、个体的受众以及泛化的社群。一般来说，正面报道是多赢的：

首先受益的是被报道对象。譬如一个人做了好事，或者一个单位某项工作很出彩，媒体报道了，其结果是个人获得荣誉甚至奖励，单位受到上级领导和社会的肯定。

次之受益是报道的媒体和记者。如果一篇正面报道做出了全国性的影响，媒体可以赢得读者和流量，记者个人也有可能获得高等级的新闻奖，为自己的从业履历增添浓墨重彩的一笔。

作为个体的受众以及泛化的社群，从某一篇正面报道中获益，相对于前两者来说要"间接"或更"轻微"。受众阅读一篇正面报道，或者得到了信息资讯，或者能够愉悦心情。社群则因为媒体正面报道弘扬了主旋律、传播了正能量，使其关系更加和谐。

然而，在具体的新闻实践当中，并非所有的正面报道都是多赢的。

猫头鹰报道被各级媒体追捧后，网民在相关报道的评论区留下了大量赞扬的语言。同时也有人提出了这样的担忧：经此报道后，猫头鹰家族明年还能像过去30年那样，安安静静地在袁家育雏吗？

这的确是一个值得我们反思的问题。有网民担忧，过去30年，袁家为了不让外人打扰猫头鹰育雏，选择了保密。如今媒体报道后，明年当猫头鹰再度光临时，会不会有大批的游客前去观看？会不会有大量的摄影爱好者前去拍摄？袁家人会不会经不住市场的诱惑搞起民宿？

网民的担忧并非空穴来风。据我们了解，为配合媒体拍照，袁家人不得不把雏鹰从阁楼上抱到一楼甚至是室外。而这样的"折腾"，客观上已经影响到了过去袁家人与猫头鹰之间那种恬静而自然的相处关系。

因此，在猫头鹰报道这一案例中，并非多赢的局面，至少对作为报道对象之一的猫头鹰来说，它们的生存环境受到了损害。如果说，猫头鹰这一题材正面报道的负面影响并不是特别直接，那么下面这个新闻案例却能为正面报道并非多赢提供"铁证"。

2020年夏天，和丽水猫头鹰报道同期在全网上吸引眼球的，还有温州的一对农民夫妻跳曳步舞的报道：

在温州瑞安的马屿镇霞岙村，有一对爱跳曳步舞的农民夫妻。妻子叫彭小英，45岁，丈夫叫范得多，49岁。结婚几十年，夫妻俩经历过出外闯荡生意失败，经历过车祸和病痛。后来，他们爱上了跳舞，一起在田间地头学舞、练舞、编舞，在热情的舞蹈中挥洒汗水。再后来，舞蹈成了生活的一部分，丈夫的抑郁症也因此被治愈了……

温州曳步舞的报道，同样引起了国家级媒体的关注，其热度甚至超过了猫头鹰报道。然而，与猫头鹰报道不同的是，媒体自己站出来对温州曳步舞报道进行了反思：当年6月15日，北京的《新京报》刊发了一篇题为《温州农民夫妻跳舞成名后：生活变得复杂了》的文章。

在该文中，记者这样描述：

自从她和丈夫跳曳步舞的视频登上新闻热搜后，手机里每天几乎要收到几十上百个微信好友申请，还要应付数不清的从全国各地打来的电话。夫妻俩从没见过这种阵势。

有人从外地赶来只为和她拍一张照片；嗅到商机的老板辗转找熟人想跟她合作；以前镇里从未见过面的领导也主动来家里，让她开直播帮忙宣传；全国各地的记者们排着队要采访她；连过去只在电视里看过的综艺选秀节目也邀请她去参加。

媒体的正面报道，塑造出了一对农民夫妻自强自立、热爱生活的形象，营造出了社会和谐美好的氛围。但是，正面报道并没有给这对普通的农民夫妻带去任何好处；相反，却给他们带来了无尽的烦恼。

温州这对农民夫妻跳舞，不是为了当"网红"，而是为了让平凡的生活更加充实。媒体报道之后，他们还能回到过去吗？

善用"模糊法"编辑稿件

一篇新闻报道，除了要有时效性和真实性之外，还必须具备准确性。准确性是新闻报道的一项基本原则，主要包括事实准确、观点准确和表达准确等。准确性是媒体和新闻工作者必不可少的素养，也是公众评价新闻工作的重要标准。

既然准确性对新闻报道如此重要，为什么在这里还要让编辑善用"模糊法"？这看似矛盾的背后，实际上是新闻报道细节的取舍问题。因此，所谓"模糊法"，就是对某些新闻细节做"减法"。"模糊法"的使用，前提是必须确保新闻的真实性等其他原则不受损害。

在新闻实践当中，由于记者把"新闻真实"等同于"事实真实"，故此在写作时把一些看似真实，实则不宜入稿的细节，原原本本呈现出来。面对这样的稿件，编辑就需要使用"模糊法"来处理相关细节。具体来说，可以分为以下四种情况：

无法统一的细节

一般来说，同一篇新闻报道、同一版面甚至同一天的报纸，对某一称呼必须进行统一。这也是新闻报道严谨性的要求和体现。

2020年4月29日《丽水日报》1版倒头条,是一篇题为《我市全力确保"五一"假日文旅市场安全平稳有序》的消息稿。该消息第一段原稿是这样写的:

备受期待的"五一"假期即将到来,连日来,我市各地认真贯彻全国"五一"假期旅游景区开放管理工作电视电话会议和全省"五一"假日旅游工作会议精神,把"控流量、防集聚、重防护"作为重点,推动文旅消费的全面复苏和文旅市场回暖升温,让广大游客度过一个健康、平安、祥和的假期。

细读文字就会发现,这里的"'五一'假期"和"'五一'假日"没有统一起来。如果这里的"'五一'假期"和"'五一'假日"出现在记者的"叙述性语言"而非"引用性语言"当中时,只要直接把其中一个改为另一个即可。但在此处则不能简单把"假日"改为"假期",或把"假期"改为"假日",因为这是"引用性语言",即引用全国和省里的两个会议名称。

此类消息稿,往往是在开头戴个"帽子",即从上级政府有关会议入手。而真正的重点是写本级政府的具体工作措施。因此,在下文中一般不会再次出现上级政府会议名称。所以,这里"假期"和"假日"统一的问题,我们只能采取"模糊法"处理,在消息的导语当中,不要写出全国和省里两个会议的名称,用"有关会议"代替即可。修改后的稿件为:

备受期待的"五一"假期即将到来，连日来，<u>我市各地认真贯彻全国和省里有关会议精神，</u>把"控流量、防集聚、重防护"作为重点，推动文旅消费的全面复苏和文旅市场回暖升温，让广大游客度过一个健康、平安、祥和的假期。

合理性存疑的细节

采访对象在接受记者采访时，一方面由于口头表述的缘故，其言语相对随意，没有很缜密的逻辑性；另一方面则因为受文化水平等诸多因素的影响，其言语不够专业，甚至漏洞百出。

面对这样的采访言语，记者在写稿时，首先会有一个重新组织和逻辑梳理的过程。然而百密一疏，实践当中，一些记者提交编辑的稿件仍会存在各种问题。若在白班，编辑可以第一时间联系记者进行核实修改。但如果夜班编辑很迟发现类似问题，会出于时间原因联系不上记者，即便联系上记者了，时间太迟了记者也无法和采访对象核实，此时我们同样只能用"模糊法"处理。

以下是 2020 年 5 月 25 日《丽水日报》1 版稿件《提升品质有妙招 青田杨梅"抢鲜"上市》一文原稿中的一段内容：

"新鲜的大棚杨梅 200 块钱一公斤，好几天前就有客户打电话来预定了，<u>刚有个客户过来拿走十几箱。</u>"青田县绿丰梅园家庭农场的负责人蒋东丽说，这几天刚开始采摘，量不是很大，<u>每天能摘二三十斤，</u>但订购的人很多。由于成熟时间早、口感好，深受消费者青睐，供不应求。

这段文字存在的问题是，前后两个数字之间能否相互印证存疑。按照文章中绿丰梅园家庭农场的负责人蒋东丽的说法，那几天杨梅的产量每天只有二三十斤。可是，蒋东丽同时也说，有一个客户一次就拿走了十几箱。于是，疑问来了：杨梅这种水果，隔天销售就不新鲜了，一般都是当天采摘当天卖完。更何况文章明确写到杨梅是供不应求的，所以囤积到隔天销售这种可能是不存在的。那么，只有一种可能，每天二三十斤的杨梅，要装成十几箱，每一箱只能装一两斤杨梅了。而根据生活经验，一般情况下装箱销售的杨梅只有一两斤的可能性不大。

夜班编辑发现这个问题时，已经接近凌晨。为避免数据前后矛盾，于是采取了"模糊法"处理，即删除"刚有个客户过来拿走十几箱"这一句话。事后证实，该报道中的杨梅每一箱至少有3斤。

叙述烦琐的细节

在新闻报道中，有一些细节，你越是想写清楚明白，结果反而适得其反：叙述烦琐拖沓不说，内容会变得更加复杂甚至难以自圆其说。面对这样的细节，"模糊法"更像是一面筛子，起到"去杂留纯"的作用。

2020年6月4日，《丽水日报》4版刊发了题为《30载依依人鸟情》的通讯。该文主要讲述的是小山村农户几代人保护飞入家里育雏的猫头鹰的故事。

这户人家姓袁，他们家是传统的泥木结构老房子。猫头鹰的窝就固定在袁家阁楼背上，相当于三层楼的位置。雏鹰孵化进入学飞期后，先从阁楼背飞到二楼楼板上活动，有时也会从天井处直接飞到一楼地面。

由于刚学飞，雏鹰的反应还不够灵敏，因此农户家里的猫和狗成了雏鹰最大的威胁。为保护雏鹰，袁家采取了严密的措施：在一楼楼梯口处放置了一张高高的蚕帘；雏鹰一旦飞到一楼，第一时间把它抱回楼上；家人白天外出时会把大门锁上。

为体现袁家人对雏鹰的精心呵护之情，记者在原稿中有一段这样的描述：

　　由于袁家一直养狗和猫，得知猫头鹰会在阁楼上活动后，家人担心猫狗会上楼伤害它们，于是，程水凤就在楼梯处挡了一张蚕帘，这一挡就是20多年，即使是猫头鹰不在的日子里，蚕帘也一直架在楼梯上，虽然这给全家人上下楼添了一道障碍，但谁也没觉得麻烦，"移动蚕帘成了全家人上下楼的习惯，也随时提醒我们，这里也是猫头鹰的家。"袁林伟说。

然而，我们读完这一细节后，马上会产生这样两个疑问：

一是蚕帘只能防止狗上楼伤害雏鹰，却阻止不了猫这种攀爬能力超强的动物上到二楼。因此，记者在上述原稿中描述"在楼梯处挡了一张蚕帘"来防止袁家自家养的猫，这有违生活常识。

二是即使猫狗不上楼，学飞期的雏鹰也偶尔会掉到一楼地面上。袁家人不可能随时随地发现并把它送回楼上。这时一旦有猫狗在场，雏鹰就会遭遇不幸。

针对编辑提出的疑问，记者再次与采访对象沟通得知：袁家并没有养猫的习惯。记者采访时看到的猫，其实是一只刚被母猫遗弃而被袁家临时收养的小猫。事后不久，小猫就被其他村民领养了。至于狗，袁家

的确一直养着。但他们这么多年来一直也不确定——主人不在时，雏鹰
一旦飞到一楼，自家的狗会不会上去扑咬。

但是，要将这些细节在稿件中解释清楚，显然会让稿件变得拖沓而
烦琐。为此，编辑直接用"模糊法"进行了处理：将开头的"由于袁家
一直养狗和猫"，改成"由于村里人家一直养狗"。

此处细节，用"模糊法"做了"减法"后，一是把放置蚕帘甚至锁
上大门都无法防范的猫去掉了；二是把袁家养狗模糊成村里人家养狗。
于是，就只剩下如何防范村里人的狗这一个问题了。

单单是防村里的流浪狗就简单多了。凡是有过农村生活经验的人都
知道，流浪狗非常聪明，只要主人在房子附近，它一般不敢进到房子里，
更不敢上楼。因此，袁家人无须时刻担心雏鹰是否会飞到一楼地面上。
而袁家人外出锁门后，流浪狗就更无法进去伤害雏鹰了。

如此修改，上述疑问便迎刃而解。

涉及领导的细节

对于涉及领导的报道，各级新闻媒体都有严格的规定。这一点，要
闻部门的记者，尤其是专职跟主要领导的记者非常清楚。哪些细节可以
写，哪些细节不能提，都得特别谨慎。即便如此，成稿还要经过领导身
边的有关人员层层把关。

因此，专门报道领导活动的要闻稿件，一般情况是不会出现纰漏的。
但是，其他稿件特别是专副刊部门的通讯稿件，文中有涉及领导的细节
时，编辑就要多留一个心眼了。一方面要防止记者由于对涉领导报道的
谨慎意识不强，随意把相关细节插入文中；另一方面要防止采访对象

"拉大旗，作虎皮"以抬高自己而误导记者。

编辑一旦碰到这样的细节，能删尽删；迫不得已时，务必要使用"模糊法"处理。譬如，习近平总书记曾在浙江主政多年，8次到过丽水，到访过不少企业、农家。我们的记者在采访过程中，难免会碰到企业家、老百姓提到习近平总书记当年到访的情况。

这样的细节一旦被记者写入稿件当中，编辑一定不能马虎。原则上要查找当年有关习近平总书记权威的公开报道。如有公开报道，相关细节可以参考提及。如无，则必须删除，或者模糊处理成"省领导"或者"有关领导"。

实际上，不仅是涉及国家领导的细节，即便是当地主要党政领导，我们编辑同样需要谨慎对待。如2020年6月11日《丽水日报》5版刊发的通讯稿件《统捐局非遗工坊：以纸为媒，重塑古法造纸未来》，该文原稿中有这样一个细节：

> 2019年9月16日，丽水旅游推介周暨"丽水山耕"农产品博览会在上海国际会议中心举行。在松阳馆，周芳娣和父亲一同展示李坑古法造纸技艺，赢得了丽水市委书记胡海峰的点赞。在现场，胡书记亲手在周芳娣制作的"三迎红军"绵纸拓片作品上盖下"松阳故事"印章。

面对这样的细节，编辑首先要实事求是地查找当时权威的公开报道。如有，则可酌情保留。否则，这一细节必须进行模糊处理。然而，在多方查询后，我们发现"丽水市委书记胡海峰点赞"的细节，其出处只是松阳旅游部门的微信文章。显然这是不能引用的，我们将上述细节中的

"丽水市委书记胡海峰"和"胡书记"统一用"市领导"这一模糊的称呼代替。

　　当然,"模糊法"在编辑新闻稿件过程中的使用,远不止上述四种情况。其大量的使用,是在涉及隐私、秘密、案件等细节的时候,这是常规的用法,这里就不再一一举例了。

一字之差，谬以千里

一篇好新闻，必须具备多方面的特质。譬如好题材、好角度等等。但是，上好的题材和绝佳的角度，如果语言存在问题，就好比一块璞玉被蹩脚的雕刻师做成次品，白白浪费了。

新闻报道的语言和其他文体的语言一样，最基本的要求是准确。在做到准确的基础上，进而才是质朴、生动。离开了准确去谈质朴或者生动，都是毫无意义的。

新闻报道语言准确，就是要完全真实地、准确无误地反映信息；要符合客观情况、符合科学原理，不夸大、不缩小、不拔高、不贬低、不曲解、不篡改，要恰如其分；要竭力摒弃那些含糊不清的、不科学的表述。

语言不准确，常常体现在字词使用不恰当、事理不符合逻辑、基础知识不扎实等方面。表面上看，这些似乎只是细节性的小问题，实则"一字之差，谬以千里"。

字词不当

任何文体的文章，都是由字组词，由词成句，再由句到段，进而到一篇完整的文章。字和词,是构成一篇新闻报道的最基本的单位。字词使用不当,是记者和编辑最容易犯的错误。

单个字使用不当,比较多的如"的、地、得"混乱。而词语使用错误,常见的有"截止"和"截至"、"启示"和"启事"等。这些都是语言不准确的表现,或许其本身对整篇文章的理解,障碍性也不大,许多读者对此已经"习以为常"。

然而,有些时候,字词使用不当,会让整个句子"变味"。譬如2020年5月15日《丽水日报》6版刊发的人物通讯《沈荣飞:三上雪域高原送"光明"》,该通讯的原稿中有这样一段话:

> 在丽水供电公司帮扶组中,沈荣飞年龄最大,<u>被帮扶组的其他同志亲切地称为"暖心大哥"</u>。"荣飞大哥特别照顾我们几个第一次进藏的同志,每天想着法儿给我们做家乡菜,照顾我们的饮食,让我们尽快适应这里的工作生活环境!"帮扶组成员说。

这段文字中,画线部分使用词语"亲切"是不妥当的,正确的词语应该是"亲热"。我们不妨来看下,《现代汉语词典》是如何解释这两个词语的:亲切只能用作形容词,且有两种意思,一是"亲近"的意思,如他想起插队的地方,像想起家乡一样亲切;二是"热情而关心"的意思,如老师的亲切教导。亲热则有动词和形容词两种用法。用作形容词时,是"亲密而热情"的意思,如大伙儿就像久别重逢的亲人一样,亲热极了。

《现代汉语词典》的例句中,亲切用在老师和学生(长辈和晚辈)之间，亲热用于同辈之间。"百度知道"里的解释也印证了这一用法：

> 亲切是一种态度，一般指长辈对晚辈，上司对下属，领导对群众，表示这个人有亲和力，虽然必须仰望却是很容易接近的，不需要彼此认识也可以有这种认知，例如某某人看起来很亲切。而亲热是一种行为，是大家很熟悉了以后才会有的，比如姐妹相处很亲热，同学之间很亲热。

这篇人物通讯的主人公——48岁的沈荣飞，是景宁畲族自治县供电公司的一名员工。第三次进藏的他，身份是帮扶组副组长和援建项目安全管理责任人。可以说，经验丰富的沈荣飞，既是领导，又是整个帮扶组的"老大哥"。因此，他对组员们可以用"亲切"，组员们对他则应该用"亲热"。否则就是颠倒了。

时序不对

有些词语，单独用在一个句子甚至一段话里，它的用法没有问题。甚至这个词语的使用，在整篇文章里都是准确无误、堪称完美的。但是，这篇新闻报道如果当天早些时候刊发，就没有毛病；可如果刊发时间过了某个节点，这个词语的使用就成了一个"笑话"。

2020年进入6月后，丽水各地连续多日暴雨如注，气象预警不断升级。6月5日，根据气象信息综合研判，丽水市防汛防旱指挥部决定启动防汛Ⅳ级应急响应。当日记者采写了消息稿件《市防指防汛启动Ⅳ级应急响应》，拟刊登在《丽水日报》次日1版上。

在原稿的倒数第二段中,有这样一句话:

> 另据水利部门<u>预测</u>,5 日龙泉溪、松阴溪、大溪水位明显
> 上涨。

对于 6 月 6 日出版的报纸来说,6 月 5 日的事情属于"过去式了",预测已经发生的事情实属荒唐。很显然,这里使用"预测"是不当的,时序不对。

若是一般的稿件,编辑发现如此明显的错误,处理的方式很简单:直接将这一句删除就可以了。但是,该稿则不能"简单粗暴"一删了之:此类稿件属于严肃的时政类稿件,是经过层层审核才进入发稿程序的。除了错别字外,任何改动都要和记者沟通,再由记者和审稿部门沟通如何修改。

6 月 5 日晚夜班值班编辑联系记者,经沟通最后没有删除整句话,而是将"预测"改成了"监测"。保留这句话的原因,是这句话本身带有较大的信息量,即暴雨带来丽水境内 3 条溪流的水位上涨明显。

而"预测"改成"监测",既保留了原有句子的信息量,又巧妙地纠正了之前存在时序不对问题。可以说,这一字之变,非常巧妙。事后,记者详细阐释了《市防指防汛启动 IV 级应急响应》一稿出现严重时序问题的过程:

市防汛防旱指挥部即市防指,此前设在市水利局,机构改革后改设在市应急管理局。6 月 5 日早些时候,水利和气象部门根据气象监测等数据,向市防指提出了升级防汛应急响应的建议。在向市防指提交的材料中,为说明升级防汛应急响应的必要性,自然有一些预测、研判性的内

容，其中就包括"水利部门预测，5日龙泉溪、松阴溪、大溪水位明显上涨"这句话。

而市防指做出决定已经是5日下午3点多。记者根据防指提供的材料写成了消息稿件，第一时间在新媒体上推送。可以说，这一稿件即便在当晚推送，使用"预测"一词，仍然没有毛病。可是，记者向编辑提交次日见报的稿件时，不对"预测"一词进行修改，自然就会产生时序上的问题了。

逻辑不清

一篇好的新闻报道，外在的语言要准确简练，内在的逻辑要清晰严密。只有逻辑清晰、语言准确的新闻，才能让读者有轻松愉快的阅读体验，同时从中获得准确的信息。如果一篇新闻报道，逻辑混乱，语言再优美，给人的感觉也是颠三倒四，仿佛听一个睡觉的人在说梦话——不知所云。

语言和逻辑的关系，有时候就像毛与皮的关系——皮之不存，毛将焉附。实践当中，就有不少因为逻辑不清，导致稿件用词不准的例子。如2020年6月23日，《丽水日报》1版刊发的通讯稿件《庆元：深耕红色沃土 谱写绿色发展新篇章》。以下是该文原稿中的两段内容：

> 正因为其丰富厚重的红色资源，让村子（庆元县百山祖镇斋郎村）名声在外。去年，国科大肿瘤医院相关负责人和专家专程来到村里义诊，并与村里进行了结对，为村里的笋干、粉条、黄粿、香菇等高山农副产品解决了销售渠道，总计金额70

余万元;今年上半年继续出资120万元,协助高山的农副产品销路,当天村民们正在采摘的就是今年第一批高山蔬菜,<u>而这也成功实现了村集体收入为零的历史性突破。</u>

上述文字,存在两个严重的逻辑不清问题。这两个问题,都因画线部分的文字而起。

第一个逻辑问题:"去年"国科大肿瘤医院已经和斋郎村结对,并"解决"了村里70余万元的农副产品销路问题。"今年"继续出资120万元,协助农副产品销路。从"继续"两个字,我们可以判断,"去年"的70余万元,也是村集体经济的收入。既然如此,又何来"今年"村经济收入才实现零的突破?显然,这里的逻辑是混乱不清,前后矛盾的。

第二个逻辑问题:联系上文,画线句子中,"成功实现了村集体收入为零的历史性突破"很明显是错误的,正确的表达应该是"成功实现了村集体收入零的历史性突破"。"为零"与"零",只有一字之差,所要表达的意思却完全相反。

"为零",这里的"零"是目标,是终点。也就是说原来的数字是大于零的,现在要实现的目标是零。比如下面这个句子:

某地的治安一直很差,每年都有10多起命案发生。在全社会特别是公安部门的努力下,今年终于实现了命案为零的历史性突破。

"零",在这里是"甩开的对象",是起点。也就是说,原来的数字是零,目标是大于零。比如下面这个句子:

经过广大教练员和运动员多年的努力拼搏，某地在全国运动会上终于实现了金牌零的突破。

很明确，《庆元：深耕红色沃土 谱写绿色发展新篇章》这篇通讯中，村集体经济收入过去是零，目标是大于零的数字。因此，画线部分"为零"应该改为"零"。

基础不实

无论工作岗位是在要闻部门，还是在社会新闻部门，作为一名新闻采编人员，必须具备一些最基本的常识。这些常识涉及的可能是政治经济方面的，也可能是社会生活方面的，总之，包罗万象。这就是我们常说的记者和编辑首先必须是"杂家"，然后再成为"专家"。

正因为基础知识涉及面广，因此它要靠平时日积月累，不是一蹴而就的。这些知识看似平常，一旦弄错轻则贻笑大方，重则产生政治性的差错。

2018年8月24日，《丽水日报》6版刊发了人物通讯《陈小甫："以石为友"雕刻精彩人生》。该文的原稿，有这样一段描述：

为了青田石雕的进一步传承与发展，陈小甫在担任青田县第七、八届政协委员时，还连续8年提出议案，建议成立青田石雕职业技术学校。经过青田石雕界人士的集体努力和青田县委县政府的大力支持，这所学校终于在2008年底正式成立。

这段文字当中，画线部分是明显的差错，"议案"应该改成"提案"。议案和提案只有一字之差，背后却涉及人大和政协两种组织在国家政治生活中所扮演的完全不同的角色。

人大是权力机关，人大代表的议案一经通过，就具有法律效力；而政协是爱国统一战线的组织，政协委员提案是民主监督的一种形式，没有法律的约束力。另外，人大代表议案，一般只在大会期间提出，而政协委员提案，既可在全体会议期间提出，也可在休会期间提出。

再比如《丽水日报》2020年6月19日3版稿件《莲都黄泥墩："阳光票决"让村庄更"阳光"》，该通讯的"阅读提示"部分内容为：

> 2019年11月26日，省委第十四届六次全会审议通过《中共浙江省委关于认真学习贯彻党的十九届四中全会精神高水平推进省域治理现代化的决定》。莲都区首创的阳光票决被写入《决定》第六部分"健全基层治理体系"之中，为全省基层社会治理提供了莲都样本。

这里画线的"省委"原本没有差错，是正确的表述。然而，一审编辑在看稿时，认为"省委"不够明确，要在前面加"浙江"两个字。本来把"省委"改成"浙江省委"也是没问题的，编辑偏偏又删除了"委"字，最终变成了"浙江省"。

显然，编辑没搞清楚一字之差的"浙江省"和"浙江省委"之间有什么区别。"第十四届六次全会"是中共浙江省委的会议，而不是浙江省的会议。一般来说，"浙江省"在新闻报道中，只是一个地域概念，而

"浙江省委"和"浙江省政府"，则是一个组织机构的概念。

类似的基础不实的差错，还有把"检察院检察长"误写为"检察院院长"。把"全国人大常委会委员长"误写为"全国人大委员长"等。

术语不准

这里所说的"术语"，是指一个地方或者一个行业在特定的时间段内，普遍使用的个性化的专有名词。这样的"术语"，很多时候具有一定的"时效性"，并且跟地方党委、政府一段时期内的执政理念、施政举措等有关。

我们的新闻报道，在面对这样的"术语"时，必须以当地党委、政府正规的文件表述为准，统一、规范相关术语的使用。否则，会给读者带去混乱的感觉。先来看两段文字：

①《"华东天然氧吧"正向"金山银山"华丽转身》：如今，丽水正运用更多智慧，打通"两山"转换通道，一方面保持"中国生态第一市"的森林覆盖率，另一方面通过林权改革、森林旅游、生态公益林补助等务实举措，让山民、林农"不砍一棵树、照样能致富"。

（《丽水日报》2018年5月28日1版）

②《丽水推介发布3.0版人才与科技新政》：我市把人才新政与科技新政进行通盘考虑、协同推进，使市委提出的"创新引领"真正成为打开"两山"转化通道的"金钥匙"。

(《丽水日报》2019年10月15日1版)

①和②两段文字当中，出现了两种描述，即"两山"转换通道和"两山"转化通道。正确的表述，应该是后者，即"两山"转化通道。"转换"和"转化"一字之差，但其内涵却完全不同。

转换是"杀鸡取卵"，是一锤子的买卖，只要金山银山，不要绿水青山，即拿绿水青山去换取金山银山。过去，许多地方就曾经一度犯下过这样的错误。而转化则是"借鸡下蛋"，是可持续的生意，既要金山银山，又要绿水青山，金山银山是绿水青山的附加值。

再看另外两段文字：

③《丽水市第四届人民代表大会第二次会议关于推进浙江（丽水）绿色发展综合改革创新区建设的决议》：创建浙江（丽水）绿色发展综合改革创新区，是省委、省政府以习近平新时代中国特色社会主义思想为引领，贯彻落实党的十九大和省第十四次党代会精神，深入践行"八八战略"和"两山"理念，建设"美丽浙江"，谋划实施"大花园"建设行动纲要的一项重要决策部署……

(《丽水日报》2017年11月30日2版)

④《艺术文化资源留情 生态产品价值扬名——记丽水巴比松国际研讨会暨2019古堰画乡小镇艺术节》：今日的古堰画乡，正站在新的历史时期，以"两山"理论为指导，以国际化的视野为格局，用艺术生态的学术态度，重新审视丽水巴比松油画

群体的现象，从艺术介入乡村的视角，继续探寻艺术助力乡村振兴的可行性，及生态产品价值实现机制的实现路径。

（《丽水日报》2019年8月23日5版原稿）

第③段文字比较特殊，它并非新闻报道，而是人大的决议，具有法律的效力。在这样严肃的文本中，其用词肯定是经过反复斟酌的。因此，画线部分"两山"理念的提法是正确的。而第④段文字中，使用"两山"理论显然是不恰当的。因此，刊发时我们改成了"两山"理念。

"理念"和"理论"同样只有一字之差，所表达的意思却完全不同。中国（丽水）两山学院教授陈光炬解释，"绿水青山就是金山银山"的提法是不断丰富的一个过程，理论上有这样一个发展趋势："绿水青山就是金山银山"论断→"绿水青山就是金山银山"理念→"绿水青山就是金山银山"理论→"绿水青山就是金山银山"思想→"绿水青山就是金山银山"指导思想。理论是一个系统化、高度抽象化的体系。目前，"绿水青山就是金山银山"还只是一种理念，即大家认同的思想观念。因此当前阶段称理念是最合适的，这也是中央层面规范的提法。

角度选择关系到稿件成败

    拿到一个新闻题材，不同的记者去采写，会写成完全不同的文章。这里说的不是记者写作水平的差异，而是对一个题材角度选择的差异。"横看成岭侧成峰"，是"岭"还是"峰"，完全取决于观察者的角度。

    虽然"岭"有所"长"、"峰"有所"高"，各具特点，但具体到一个新闻题材，一般来说只有一个最佳的角度。这里所说的"最佳"，不一定局限于其新闻性，也包括采访、内容组织、写作的方便性等。

    除去"最佳"角度，其他角度切入，也能写出不错的文章，但明显逊色。甚至一些角度"强行"切入，会导致新闻明显的"硬伤"。因此，可以说一个好的新闻题材，角度的选择非常重要，直接关系到稿件的成败。我们可以通过剖析一篇通讯来说明问题：

一面炮火中凭记忆缝制的党旗，一句"人在旗在"
的坚定承诺，一份初心永固的赤子之心——

云和兄弟接力守护党旗72载

    "这不是一面普通的党旗，这是纯手工缝制的，已经有72

年的历史了。"6月29日，云和县安溪畲族乡下武村黄家地自然村，村务工作领导小组组长柳伟明打开一个木匣子，小心翼翼地取出党旗，对前来参观学习的党员们介绍。

在黄家地村，这面党旗的分量举足轻重——诞生在1948年的战火中，新中国成立前的"暗夜"里。

党旗漫卷，岁月峥嵘。72年里，柳恒章、柳伟明两位堂兄弟接力守护，为的是"我是党员"的那份初心，为的是"让红色记忆薪火相传"的那份责任。

制旗

黄家地村是云和远近闻名的红色古村，位于云和和景宁两县交界地的大山深处。80多年前，由刘英、粟裕率领的中国工农红军挺进师一路辗转，先后4次来到黄家地村，在这里播撒下了革命的火种。

黄家地村早在1938年11月就建立党支部，此后又建立武装游击队。在党的领导下，激烈的"三抗"斗争（抗粮、抗税、抗丁）、游击战斗、反清剿战斗在这里此起彼伏，书写了波澜壮阔的革命篇章。解放战争期间，处属特委云和县委在黄家地设立了临时办公点，发展地下党工作。

在白色恐怖中的1938年—1949年，黄家地村支部党员发展至22人。

1948年，全国形势逐渐明朗，解放战争全面胜利在望。此时的云和、景宁边界一带百姓也翘首以盼。但由于白色恐怖，长期以来，云景区委一直没有党旗。

在此背景下，时任云景区委副书记叶光通建议制作一面党旗。

这年冬天的一个傍晚，在黄家地村负责地下党工作的区委委员陈江海，秘密来到柳恒章家里。柳恒章当时是叶光通的秘书，同时又是黄家地村党支部书记。陈江海分析了当前革命斗争的形势后对柳恒章说："现在全国形势大好，共产党一定会取得胜利。我们要有一面党旗，有了党旗才有党威。"

两人一拍即合，立即前往5公里之外的云景区委办公点——岚头村香岗自然村（现属景宁红星街道），和时任云景区委书记雷元昌、区委副书记叶光通、岚头村党支部书记王成久商量如何制作党旗。

白色恐怖笼罩下，缝制党旗必须秘密进行。

找谁缝制？王成久想到了他的表弟王成亮："他是缝纫师傅，又是党员，靠得住。"不仅如此，王成亮的家在极为偏僻的石埠坑村（现属景宁滩坑库区），更为安全。

晚上8时许，见到连夜赶来的一行人后，王成亮一口答应了："可以在二楼的阁楼做。但我没见过党旗，怎么做？"

这可把大家问住了。在场所有人里，只有陈江海外出学习时见过党旗，但具体尺寸和比例，他也不知道。

"我画画看。"陈江海凭着模糊的记忆，在昏暗的油灯下，开始用毛头纸画党旗的制作版样。画了一稿又一稿，镰刀、锤头的角度总觉得不对。就这样反复改改画画，直到次日凌晨5时，党旗的版样才画好。"用掉了1斤多毛头纸。"现年93岁的柳恒章回忆。

制作党旗需要红、黄、白3种颜色的布料。为了避免泄露秘密，次日，他们分不同时段，派不同的人去买布，对外谎称是用作红白喜事。

经过大家一天的忙碌和王成亮的巧手缝制，当晚8时左右，一面宽75厘米、长123厘米的鲜艳党旗在大山中的小楼里制成了。党旗绣有双面党徽，锤头干净利落，镰刀线条流畅。

"大家都很兴奋，我们把党旗挂在楼间里。"柳恒章回忆，他们面对党旗，不约而同地举起右手，轻声重温了入党宣誓。

从此，一面鲜艳的党旗在云景两地党员心中"飘扬"。

守护

一开始，党旗由叶光通负责保管。

1949年5月11日，云和解放。党旗的保管任务交接到了柳恒章手里。

他带着党旗回到了家乡黄家地村。后来他调往云和县城工作，但守护党旗这件事，他一直放在心上。一有空，他就会拿出党旗，静静地看着它，也偶尔与晚辈讲讲过去的革命故事，重温那不屈战斗的岁月。

就这样，柳恒章小心地守护了这面党旗43年。

直到1991年，柳恒章觉得自己年纪大了，担心保护不好党旗，就把接力棒交到了已经入党的堂弟柳伟明手里。在他看来，堂弟头脑灵活、心思细腻，是守护党旗的放心人选。

①"人在旗在,人倒旗不倒!"当时30岁出头的柳伟明从堂哥手里接过这面不一样的党旗时,郑重承诺。

②"接过这面旗帜,就应该负起这份责任!"柳伟明说。这些年来,这已不仅仅是一面旗帜,更是一种精神,不断激励着他和村民们发扬革命传统,坚定信念、战胜困难,齐心协力改变村庄面貌,带旺产业发展。

③1996年,柳伟明上任黄家地村党支部书记。为了改变交通闭塞的落后面貌,当年冬天,他和村民商量,决定开通一条通往山外的道路。

④要开路,没有资金怎么办?

⑤英雄的老区人民没有被困难吓倒。全村每人出资5公斤大米,挑到县城市场出售。卖掉的钱买回了钢钎、炸药、锄头、畚箕等工具。柳伟明和村委会主任两人又以个人名义一人贷款,一人担保,向乡信用社贷款了5000元作为后备资金。全村人在他的带领下,男女老少齐上阵,冒风雪、顶严寒,艰苦奋战了3年,终于在1998年秋天,开出了一条长2.5千米、宽3米的简易公路。2004年,简易公路又修建成了今天的康庄公路。

⑥改革开放后,村里的年轻人,走出山门闯世界,致富的道路越走越宽广。不愿走出大山的人们,则坚守着这片红色的土地建设家乡。原生态的高山西瓜、小辣椒,成了市场的紧俏货。今天大山深处的黄家地村,山清水秀不变,但村民的生活条件,已是"日月换新天"。

⑦在黄家地村,每次开党员会议,都会挂上这面老党旗。柳伟明认为,这是一种提醒和鞭策,提醒党员时刻牢记村史,

不忘初心；鞭策党员在党旗的引领下，砥砺前行，焕发红色老村的新魅力，把村庄建设得更好。

⑧去年6月，村里整合红色资源，推出了"战斗黄家地·忠勇严山村"初心研学线体验套餐。这一年来，村里接待了县内外100余个体验团队，人数达10000人次。通过激活红色文化，这个革命老区村绽放出了新的容颜，焕发出新的时代光芒。

这是刊发在2020年7月3日《丽水日报》3版上的一篇通讯。可以说，在这样的时间节点，刊发这类题材的新闻稿，是非常合乎时宜的——"七一"建党节前后，作为党报就应围绕党员、党建、党史等选题，营造浓厚的氛围。

特殊的时间节点，使得这一新闻题材具有了特殊的新闻价值。仔细分析这篇通讯的题材，这不是一般性的"应景式"题材，而是一个相当难得的好题材。但记者在采写这一题材时，因从一开始的角度选择就出现了偏差，最终导致该通讯存在明显的"硬伤"。

《云和兄弟接力守护党旗72载》一文，单就标题和文字来说，都可看出记者较为深厚的功底：引题用简短凝练的3个"一"，高度概括通讯主要内容；主题使用叙述性语言，准确而简洁；至于正文，文字干净，叙述清晰。

然而，瑜不掩瑕。这篇通讯最大的问题，是选错了采写的角度，即以柳恒章、柳伟明堂兄弟护旗为切入点。事实上，这一题材之所以值得报道，不在于人，而在于旗——一面特殊的党旗。

所以，这一题材最佳的角度选择，应该是老党旗自身的故事，这才是中心。文中所有的人物，都是为了党旗而存在的。他们所有的人，都只是有关党旗故事的参与者和讲述者。一句话,所有的细节和故事,都应该围绕这面特殊的党旗展开。

我们可以从两方面分析,一是选择以人物角度切入后,该通讯存在哪些问题;二是如果选择从党旗角度切入,又会给采写带来哪些好处。

从标题看,《云和兄弟接力守护党旗72载》是一篇人物通讯。人物通讯的写作,说到底就是写"什么人干了什么事"。在上文中,"什么人"指柳恒章和柳伟明堂兄弟;"什么事"指柳恒章和柳伟明堂兄弟护旗的事。但记者最终呈现出的新闻稿,似乎并没有紧紧围绕"什么人干了什么事"来写。用语文老师批改作文常用的两个字评价,就是"离题"。具体来说,体现在两个地方:

一个地方是文章结构安排上。这篇人物通讯总共2200多字,除了引题引言部分200多字外,正文2000字左右。根据紧扣"什么人干了什么事"这一人物通讯写作的要求,这2000字应该全部用于描写、叙述柳恒章和柳伟明堂兄弟护旗的点滴故事。

可是,记者把正文分成了"制旗"和"守护"两个部分。这样的结构安排,显然是"文不对题"的表现。"制旗"部分也即"老党旗的来路",不应该是通讯的正文内容,而应是背景材料,在引言中简单交代即可。实际情况却是,背景材料被当成了"正文"来采写,且字数超过了真正的正文部分"守护"。

另一地方是守护故事写作上。如上分析,护旗才是《云和兄弟接力守护党旗72载》这一人物通讯的中心内容,围绕主人公柳恒章、柳伟明堂兄弟,72年来如何精心呵护老党旗采写故事,故事越动人、内容越细致越好。

细读"守护"部分900多字的内容,我们却发现记者并没有讲述具有实质意义的故事，对两兄弟护旗完全只是点到为止。如堂哥柳恒章，写他的"守护"，仅用了200多个字：

> 1949年5月11日，云和解放。党旗的保管任务交接到了柳恒章手里。
>
> 他带着党旗回到了家乡黄家地村。后来他调往云和县城工作，但守护党旗这件事，他一直放在心上。一有空，他就会拿出党旗，静静地看着它，也偶尔与晚辈讲讲过去的革命故事，重温那不屈战斗的岁月。
>
> 就这样，柳恒章小心地守护了这面党旗43年。
>
> 直到1991年，柳恒章觉得自己年纪大了，担心保护不好党旗，就把接力棒交到了已经入党的堂弟柳伟明手里。在他看来，堂弟头脑灵活、心思细腻，是守护党旗的放心人选。

事实上，这4小段文字并没有讲述故事，仅是叙述而已。概括起来只有几十个字："云和解放时柳恒章开始保管党旗。存放43年后，他把党旗交给了堂弟。"

再看堂弟柳伟明，又是如何"守护"这面具有特殊意义的老党旗的。这部分内容，记者用了8个自然段700多字。较之柳恒章4个自然段200多字，要"土豪"了许多：

"人在旗在，人倒旗不倒"是柳伟明接旗时的承诺，这样的豪言壮语，似乎暗示党旗在他手中这些年，有许多惊心动魄的故事。可此后下文的600多字，却让读者有一种被"忽悠"的感觉——此处无故事。

确切地说，记者是写了一个较为具体的故事。但这个故事，却和守护老党旗毫无瓜葛：③至⑤自然段，讲述的是主人公之一的柳伟明，带领大家为村庄修路的故事。不仅如此，其他部分内容，也只是在②和⑦两个自然段，仅用概述性语言提到党旗。并且，给人感觉非常牵强。而⑥和⑧两个自然段，甚至和党旗没有任何联系。

综上分析，人物通讯《云和兄弟接力守护党旗72载》，不仅从整篇框架结构上存在"离题"的毛病，即便从"守护"这块内容来看，也同样存在"离题"的问题。这是对"选择以人物角度切入后，该通讯存在哪些问题"进行的分析，下面再对"如果选择从党旗角度切入，又会给采写带来哪些好处"进行分析。

既然选择"人"的角度切入不是最佳的角度，那么选择"物"的角度切入，又会是怎样的一番景象呢？

所谓"物"的角度，即"老党旗的角度"。我们不妨先把标题《云和兄弟接力守护党旗72载》，改成《一面老党旗的故事》。如此，围绕"老党旗"这一中心，我们可以挖掘一切与之相关的人与事。这比之"人"的角度，显然可以入文的细节材料面就扩展了一倍，甚至更多。

具体来说，就是和老党旗直接相关的故事。比如党旗的来源，不再只是做简单的背景式介绍，而是可以去细致地描写叙述。还有，有关党旗的其他故事都可以入文，不会存在"离题"的现象。再比如，"人"的角度切入，主人公是柳氏堂兄弟，其他人都只能是配角，着墨不能太多。但改为"物"的角度，其他人也可以详写，只要和老党旗的关系密切即可。

这就是改变角度选择后，给稿件的采写所带来的方便之处。再回过头来反思"人"的角度，其最大的局限性在于"护旗故事"本身是单薄的，所能采访的对象也是单向的，而不是多维度的。

之所以说"护旗故事"本身是单薄的,这是由客观事实决定的:老党旗诞生于国民党白色恐怖时期。然而柳氏堂兄弟真正开始护旗,已经是1949年了。实际上,这时候家里放着一面党旗,已经不是"风险",而是骄傲了。既然没有了白色恐怖年代的危险,自然地,护旗的故事也就非常平淡。甚至说得更直白一点,这时候的老党旗,根本用不着"守护",而仅仅是"保存"。这是记者无法挖掘出柳恒章、柳伟明堂兄弟更多精彩动人的护旗故事的原因,也是以"人"为切入角度,并最终导致这一通讯采写失败的原因。

在和记者交谈后得知,由于最初选择了从柳氏堂兄弟护旗72载这个角度切入,采访中得到的两个细节也因此没有入文,否则更是"离题"万里。但如果是以《一面老党旗的故事》为题,这两个故事却是非常切题,非常动人的故事——

一个是中共云景区委委员陈江海外出学习时看到党旗的故事:

当年,为了躲避国民党反动派的清剿,云和地下党的两位主要领导人毛登森和陈江海来到中共处属特委所在地——缙云县西青头村避险,陈江海意外在那里见到了一面党旗,这让他顿时眼前一亮。

原来,早在1943年,中共处属特委书记傅振军乔装前往宁波四明山革命根据地学习时,见到了一面党旗,并记下了它的样式。随后,傅振军回到缙云县西青头村,立即仿制了一面党旗。

陈江海等人如获至宝,捧着那面党旗看了又看,终于记下了党旗的模样。

关于这个故事,《云和兄弟接力守护党旗72载》一文,在"制旗"这个部分中只用了一句话来概述——在场所有的人里,只有陈江海外出学习时见过党旗。至于在什么地方见到,什么时候见到等,一概没有交代。毕竟陈江海不是主人公,老党旗的来源更不是这篇通讯所要采写的主要内容。

另一个是老党旗曾经在云和解放时划破一个小缺口的故事:

> 1949年5月11日,云和城解放。当解放的消息传遍全县后,中共云景区委的部分同志,激动不已地拿出了党旗,经过山路,直奔县城。
>
> 那天他们太高兴了,终于盼到解放了。一路上,大家唱着歌,举着党旗不断挥动着。由于太激动了,就连党旗边缘不小心被路边的树枝钩破,当时都没发现。

这个故事,记者在《云和兄弟接力守护党旗72载》一文中也没有采用。记者主要考虑到它和"兄弟接力护旗"这一主题无关。

上述两个故事,的确不宜进入《云和兄弟接力守护党旗72载》。但如果当初记者采写这一个题材时,选题角度是"一面老党旗的故事",那么,这两个故事却又是非常切合主题的。

可见,一个好题材,还要有一个好角度。一旦角度选错了,就像一个运动员在赛场上连奔跑的方向都没找对,又何谈取得好成绩!

选题要有"逆向思维"

如果把新闻作品比喻成产品，那么在成品到达消费者面前时，至少要经过十多道工序。而其中第一道工序就是选材，即新闻选题。一条新闻线索，最终能否被加工成为有价值的新闻作品，选题是第一步，也是非常关键的一步。

新闻选题，是一个沙里淘金的过程，更是一个去伪存真的过程。除去宣传部门指定的任务以及突发事件外，一般来说，一条新闻线索要经过三关，也即三次选题。

第一关是记者个人选题。记者是一个365天要不停"找米下锅"的职业，一个资深的记者，往往会有几十个甚至上百个"线人"。他们提供的线索良莠不齐，记者需对这些线索进行鉴别筛选。初步挑选出具有新闻价值的题材后，再视情况进行补充了解、核实。

第二关是部门集体选题。记者认为具有价值的线索，并不能直接进行采访，还要在部门的报题会上进行论证。部门报题会，是选题的一次头脑风暴。对线索本身的优劣判断以及采写的角度切入等，是部门报题会的重要内容。劣者直接否定，优者进一步商讨如何采写。

第三关是编委会确定选题。部门选题会论证通过的选题，还需统一报编委会最终审定。一是编委会的站位更高,把关能力更强;二是编委会对各部门的报题要进行统筹协调。只有编委会定题后,新闻选题这一程序才算正式完成。

"为什么要去采写这个题材",这是报题者首先要考虑好答案的问题。

实践当中,上述三关的报题者,在报题时,从某种角度来说是"报喜不报忧"的。换句话说,报题者已经认定该题材值得报道了才会报题。为争取选题获得通过,他们往往会阐述该选题的亮点——新闻价值和意义。基层的线索提供者、记者以及部门负责人,莫不是如此。

在这里,需要提醒三关的把关人,要警惕越在前端的报题者,越可能设下"温柔的陷阱"——故意隐瞒题材的瑕疵甚至重大缺陷。这种现象存在的原因,主要是报题者出于私利的考量:比如基层报题者在向记者报题时,该线索本身就事关本人,或者本单位的切身利益。为了让线索顺利通过,以达到宣传或者其他目的,他们会夸大亮点,隐瞒存在的问题。再比如记者在向部门报题时,该选题的采访对象或者报题人,与其具有某种利益关系。这样隐形的"有偿新闻",让记者在报题时"报喜不报忧"。至于部门负责人在编委会召开的会议上报题时,故意隐瞒的现象基本上很少。但也不排除为了部门的利益,偶有"欺上"行为发生。

对于新闻选题来说,报题时,亮点是秃子头上的虱子——明摆着,而缺陷则像藏在玉米地里的蚂蚁一样隐蔽。因此,新闻选题无论在哪一关,把关人不能只盯着亮点,更要有"逆向思维",尽可能找出该选题存在的问题,把"炸弹"排除在成品之前。

存在瑕疵甚至重大缺陷的选题,把关不严,一旦采写成新闻作品刊发后，轻则损害记者和媒体的声誉，重则影响党委、政府的形象，甚至带来不可估量的损失。

实践当中，我们要特别警惕以下四种类型的选题。

"区域化"题材

好的新闻题材有两种：

一种是"放之四海而皆准"的题材，它适合各级媒体。这样的题材，即便在最基层的县级媒体首发，最终也能引起市级、省级直至国家级媒体的关注报道。

另一种是"区域化"的题材。这类题材的"好"是相对性的，即在一定的区域内是好题材。跳开特定的区域，这一题材甚至连新闻都算不上。

这里要警惕的"区域化"题材，并不是"离开了特定区域连新闻都算不上"的题材，而是从局部看仍是"好题材"，从全局看却是"问题题材"。

2020年7月初，有记者报题：

> 5月底以来，青田县按照市政府提出"促进咖啡消费 打造时尚丽水"的工作要求，结合培育建设青田咖啡文化小镇的实际，推出了"咖啡进机关"活动。
>
> 如今，通过一个多月来的加快推进，一套又一套的咖啡设备相继在许多乡镇（街道）、机关事业单位及国有企业"安家落户"，受到了广大干部职工的欢迎和好评。

受新冠肺炎疫情的影响，2020年各地经济的发展，受到了严重的影响。青田及时推出"咖啡进机关"活动，一是以咖啡消费为经济复苏加油鼓劲；二是发展咖啡产业本就是侨乡青田的长远规划。因此对青田当地媒体来说，这是好新闻。

很显然，这事放到丽水全市来看，不过是县里的一项常规工作，不是什么大新闻，自然不值得市级媒体去报道。但记者报题时概括出了另一亮点：市政府领导已经去青田考察，下一步打算先在市本级推广"咖啡进机关活动"，然后再视情况向其他县推广。

""'咖啡进机关'活动的费用哪里来?"在编委会召集的报题会上，有领导提出疑问。

"财政核准，各单位买单，包括咖啡机和咖啡豆。"报题部门负责人解释。

"我认为这个题材的把握要谨慎，咖啡是外来文化，青田作为侨乡，全力推动'咖啡进机关'，这无可非议。但茶叶是丽水一大产业，尤其是松阳，拥有全国最大的茶叶交易市场。我们为什么不是推动'茶叶进机关'，既弘扬中华传统的茶文化，又带动本地茶叶销售?"会上有人提出自己的顾虑。

最后，编委会否定了这一选题——市里计划推广青田"咖啡进机关"这一举措，在相关政策落地和全市上下形成共识之前，如果我们贸然报道出去，很可能会引起两种争议：一是滥用财政的钱，为机关职工变相谋福利；二是像松阳这样的茶叶大县，很可能有人会提出"为什么不推茶叶"这样的质疑。

"阴阳面"题材

常见的新闻报道，一般都是"正面"的——这样的报道，不仅能给报道对象带去荣誉，同时呈现给社会的也是积极的正能量。但并不是所有的题材都是这样，譬如舆论监督报道，其选题本身是"负面"的，即社会上存在的某种急需解决的问题。因此，舆论监督也称为"负面报道"。

一般来说，一个正面的好的新闻题材，可能存在多个角度。一个负面的题材，则往往只有一个角度。但很少有题材，既可以从正面角度进行报道，又可以从负面角度进行监督的。实践当中，我们要警惕的是一种"阴阳面"题材。即从面上看，是一个充满"闪光点"的正面题材；事实上，这样的"闪光点"是虚假的呈现，背后却隐藏着负面的问题。

2020年6月，记者在自媒体上发现了一条标题为《云和一片农田里竟然发现107种鸟！》的推文：

> 在云和县古竹村和黄水碓村150亩的农田里，当地鸟友对记录到的鸟类进行了一个统计，发现这半年时间就多达107种，占丽水全部鸟类的四分之一。
>
> 这还只是确切的记录，不包括未能识别的和没发现的鸟类。此外，这里还出现了极危物种黄胸鹀集群，其中有几只在丽水非常罕见的硫黄鹀；东面的山边林子里，则发现一对此前在丽水仅有一次记录的普通朱雀。

好山好水好生态,一直是丽水引以为豪的外宣"金名片"。一片农田里,居然发现了上百种鸟类,而且还占了全市的四分之一,这不正是好山好水好生态最为生动典型的例子么?

纵观近年来丽水媒体获得浙江新闻奖的稿件,其中不少都和生态有关。可见评委对生态文明的重视,以及对丽水好生态的充分肯定。因此,上述题材可以说是难得的一个好题材。

然而,记者在向当地鸟类保护专家进行先期采访时,却了解到了隐藏在背后的"秘密":原来上述农田位于云和县城的城中村内,且这一区域的土地,几年前已经收归国有。由于政府规划的原因,这里暂时被一些进城农民租赁耕种。过不了多久,这片农田就会消失,取而代之的是各种建筑物。

这片土地上之所以集中出现这么多的鸟类,其背后的原因却让人痛心——城市化的推进,不断吞噬着动物的生存空间。放眼云和,县城附近一带虽然还有一些水田,但都被道路和建筑物所分隔。那些高度依赖水田生存的鸟类,不得已只能大量集中到一起。

这样的题材,若用作好生态的案例,则成了"虚假新闻";若从负面进行监督,不仅不能解决问题,反而给丽水的好生态抹黑。因此,我们最后只能放弃报道。

"负效应"题材

有一些题材,单从题材本身来看,没有任何问题。但是综合考虑,我们会发现这一类题材一旦采写报道后,在获得正面宣传效果的同时,也很有可能引发一些负面效应。

2020年4月3日，清明节前一天，《丽水日报》3版"瓯江特刊"版刊发了一篇题为《85年，龙泉一家四代甘当红军守墓人》的特写：

> 1935年，中国工农红军挺进师离开龙泉时，把一位重伤的王姓红军战士，托付给道太乡仙源村下乾自然村的村民吴必升等人照顾。战士牺牲后，因当时革命斗争形势紧张，村民不敢为他立墓碑，只能在坟头堆了三块石头，以便辨认和记忆。85年来，吴必升一家四代，每年清明节都要去祭奠这位不知道全名的烈士。

这是一个弘扬主旋律，传播正能量的好故事。为此，我们的记者深入采写，专门赶在清明节前刊发了文章。文章刊发后，吴家四代甘当红军守墓人的故事，广为人知。而仙源村干部和下乾村村民，也因我们的采访报道，为这位红军烈士立碑建墓。

烈士墓建成后，当地村民尤其是吴家人很高兴——这位长眠在当地的烈士，终于有了像样的坟墓，而不是简陋的三块石头。他们把烈士墓的图片发给记者，希望记者能够做一篇后续报道。

记者在报题时，在强调感动于当地村民的行动的同时，还特别提出：我们的报道有了结果，做后续报道也是宣传我们自己。

然而，在部门的选题会上，部门负责人却提出了不同的观点。

按照常规来说，新闻报道刊发后，有了反馈，的确说明我们的报道有影响，是该好好地做后续报道。但是具体到下乾村修建烈士墓上，却存在两个问题：

一是从当地发来的烈士墓图片来看，这个烈士墓修建在一片绿水青山间,显得非常突兀而显眼。坟墓的形状和农村传统的墓地一模一样,表面上看不出是烈士墓。而这两年来,为了保护绿水青山,政府已经严禁村民随意修建坟墓。村民为烈士修建坟墓,有没有经过政府部门的批准?即便修建的是烈士墓,也不能违反相关的法律法规。实际上,这是村民的自发行为,当地政府并没有参与。

二是这样一位为革命牺牲的烈士,媒体都报道了,当地政府却无动于衷——没有第一时间把烈士的遗骸移入当地的烈士陵园,而是任由民间采取行动。这显然是不合情理的。

正是基于上述两点,我们放弃了后续报道,以避免引发负面效应。

"罂粟花"题材

在"百度百科"上,对罂粟有如下一段解释:

> 罂粟是一种美丽的植物,叶片碧绿,花朵五彩缤纷,茎株亭亭玉立,蒴果高高在上,但从蒴果上提取的汁液,可加工成鸦片、吗啡、海洛因。因此,鸦片罂粟成为世界上毒品的重要根源,而罂粟这一美丽的植物可称为"恶之花"了。

罂粟花看起来很漂亮,却又带着"毒"。在新闻实践当中,也有像"罂粟花"一样的题材——从表面上看,这是一个很好的题材;但事实上,这个题材和罂粟花一样"有毒"。

10多年前,有实习记者在基层采访时,发现某县城郊农民自建房区域内,几乎每一户在建的民房顶上,都插着一面鲜艳的五星红旗。

由于临近国庆节，该实习记者以为当地村民是为了表示庆祝，才在在建的民房上插国旗。于是找到一位户主进行采访。

"国庆节即将来临，你们插国旗，是不是因为国家富强了，日子越来越好了，家家户户盖新房，插国旗表示庆祝和感恩啊？"面对记者的突然采访，村民一时不知怎么回答才好，只是一个劲地点头，说国家好、政府好。

实习记者得到"满意"的答案后，在部门的选题会上，煞有介事地提炼出这个选题的"亮点"：一是国庆节前做这样的题材，非常应景；二是这个题材本身具有很好的新闻价值——基层农民的感情很朴实，他们过上了好日子，不忘记党和国家的恩情，在国庆节来临之际，插国旗表示感恩之情和爱国之心。

如果农民盖房子插国旗，其目的真像该实习记者所说的这样，那么这个题材显然是一个极其漂亮的题材。但实际情况并非如此，另一位了解真相的记者说出了农民盖新房插国旗的真正目的：原来，当地有一个传统习俗——一直以来盖新房时都要在主梁上贴红纸，目的是图吉利和辟邪。泥木结构的房子改成钢筋水泥的房子之后，新房不再有主梁，于是村民改在建房时，悬挂一块红布来替代。不知从什么时候开始，有人用国旗替代了红布。比起红布来，国旗更容易插挂，且更加美观。有些人更赋予了额外一层"意义"：国旗代表国家，比普通的红布更能辟邪。

这样的题材，很显然与美丽的罂粟花无异。这样的新闻报道一旦刊发，被当地知情者嗤之以鼻不说，更是严重损害了国旗的威严。事后，记者向有关部门反映了这一问题，当地很快采取措施，禁止农民盖新房插国旗。

上述四种类型的题材，一旦我们在选题时把关不严，采写成文章刊发，就会带来不同程度的后果。在具体的新闻实践当中，"问题选题"绝不止上述四种情况。但只要我们在选题时，时刻运用"逆向思维"这一法宝，认真分析，谨慎把关，大多数的"问题选题"都能被我们卡在源头上。

"个体通讯"写作"三式"

通讯写作在新闻报道中占有很大比例，是每个记者必须掌握的基本功。通讯按照内容来分，包括人物通讯、事件通讯、工作通讯和概貌通讯四大类。其中，又以人物通讯最为常见。

人物通讯是以写人物的思想和事迹为主的通讯。根据报道对象的多少，在实践当中，我们可以把人物通讯分为个体人物通讯和群体人物通讯。在日常的新闻报道里，前者多于后者。这里，我们仅讨论个体人物通讯，即"个体通讯"的写作。

个体人物通讯写作的对象仅限于一个人。事实上这和我们中小学阶段就开始学习的写人记事的记叙文写作有些类似。两者的共同点都是通过事件、言行等来体现人物；区别在于记叙文写的是给作者留下深刻印象的事件，而人物通讯写的则是具有很强新闻性的事件。

"个人通讯"写作看似简单，但要写得精彩、写出特色并不容易。影响一篇"个体通讯"好坏的因素是多方面的，而其结构的选择，是"牵一发而动全身"的关键节点。选择什么样的结构模式写作"个体通讯"，客观上要根据材料内容来考量，主观上记者还要有创新和创优意识。

概括而言，"个体通讯"写作主要有三种结构模式："纵向结构"式、

"横向结构"式、"双线结构"式，其采用频率依次递减，写作难度则依次递增。

"纵向结构"式

这种模式的"个体通讯"，即按照人物的成长经历或某一行为事件的发展顺序写作。其优点是初学者容易上手，以时间为轴或者以内在逻辑为线，脉络清晰，交代完整；而缺点是很容易写成"流水账"，眉毛胡子一把抓，容易写"散"掉，中心和主题都不够突出。

是否采用"纵向结构"式写作，关键要看该选题的内容。如果要采写的内容涉及该人物一生的主要经历，或者该人物某一具有新闻性的行为事件有延续性特征，那么"纵向结构"式是最佳的选择。

由于受版面字数的限制，报纸的"个体通讯"很少是涉及人物一生主要经历的，基本上是关于人物的某一具体行为事件的。如2020年12月21日，《丽水日报》刊发的长篇通讯《探路记》。

该"个体通讯"的新闻性，在于主人公周功斌这位从山村走出去的青年，辞去公务员、卖掉省城的婚房，回到老家发展汽车越野事业，为山区探索出一条独特的振兴之路。因而，这一选题，必须交代清楚主人公为什么放弃优越的条件回到乡村，以及如何一步步探索汽车越野这一振兴乡村的路径，其间又遇到了哪些困难，都是如何解决的等等。

要写清楚上述问题，就必须以时间为顺序，采用"纵向结构"的模式，完整交代"探路"的缘由以及发展汽车越野事业的来龙去脉。《探路记》这篇"个体通讯"，正是因为采用了"纵向结构"式进行写作，虽然全文长达6000多字，但给人带来的阅读感受是脉络清晰、内容充实而不显累赘。

由于采访和写作都相对简单，"纵向结构"式是"个体通讯"最常用的模式。但如前所述，该模式也很容易写成"流水账"。一些记者甚至因此养成了惰于思考的习惯：只要是"个体通讯"，一律从采访对象的出生开始采写，洋洋洒洒几千字很快写就。

2020年11月27日，《丽水日报》4版刊发了一篇题为《丽水"最老学霸"养成记》的"个体通讯"。从引言部分，可以看出这篇通讯的概貌：

> 前段时间，丽水103岁的沈祖约冲上热搜，就连央视也于11月初专门来丽水采访他。经过这么一宣传，全国不少网友都认识了他，并称他为丽水"最老学霸"。
>
> 沈祖约身上有很多闪光点：会说5门外语，特别是英语，可以直接和外国人对话，还翻译过日本小说；现在，躺在病床上仍每天坚持学习日语和俄语；会发手机短信，能在电脑上写日记、写诗……身体力行地诠释了"活到老，学到老"。
>
> 那么，丽水"最老学霸"是怎么养成的？

记者在采写这一"个体通讯"时，采用的就是"纵向结构"式。这篇2700多字的通讯，整整用了三分之一的篇幅，写主人公沈祖约的"过去"：出生、家庭，上学以及结婚过程等，其中并未涉及学习外语的内容。

实际上，这一题材的新闻价值，在于百岁老人会说5门外语，而其社会效果在于"活到老，学到老"这一可贵的精神。读者在阅读这一新闻时，关注点和兴趣点主要在老人为什么要学这么多外语，以及如何掌握这5门外语的。

至于老人之前的经历,与此无关的完全可以舍弃。但记者在采写该"个体通讯"时,没有进行很好的思考,导致该作品主次不分,主题不明,面面俱到。

"横向结构"式

"纵向结构"式的"个体通讯",是"线性"向前推进的;文章各部分内容之间,以时间为顺序,不可颠倒。"横向结构"式的"个体通讯",则是呈"面状"展开的,文章各部分内容之间总体上是并列的关系,时间概念相对比较模糊。

那么,什么样的"个体通讯"适合采用"横向结构"式?当被报道的人物,其新闻事迹时间跨度较长、内容较多时,可以采用"横向结构"的写作模式,有选择地报道其中的亮点。由此可知,"横向结构"式"个体通讯"最大特点是主题集中,重点突出。

2020年12月18日,《丽水日报》3版刊发了题为《楼海勇和他的"周安日记"》的报道:

> 2018年12月,浙江省政协机关调研员楼海勇,来到松阳县周安村担任驻村扶贫"第一书记"。任职2年时间里,他利用自身的特长和优势,为当地农村做了大量的实事,切实改变了周安村的面貌。

记者如果按照时间顺序,把2年来楼海勇所做的事情一一都罗列一遍，显然会很杂乱。因此，经过思考后，记者采用了"横向结构"的模式来写作此稿。记者从大量的材料当中，选取了具有代表性的三项亮点工作：

建文化礼堂，赢得村民的信任；发展高山番茄产业，带动村民增收；"起死回生"百亩老茶园，打造出"千米高山、世纪土茶"的品牌，启迪村民振兴乡村的思路。

上述三项工作，启动和完成的时间存在交叉的现象，如果采用"纵向结构"模式写作，严格按照时间顺序进行叙述，很容易给读者造成阅读困扰。而采用"横向结构"模式写作，三项工作独立成章，叙述顺畅，脉络清晰。

"个体通讯"写作，在选取事例时"在精不在多"。通过这三个方面的描述，楼海勇这位驻村扶贫"第一书记"的人物形象已经很好地立起来了。

凡事都各有利弊，采用"横向结构"模式写作"个体通讯"，其弊端也很明显：一是亮点的提炼容易"失真"；二是容易陷入各分块内容之间的交叉重复。这里的"重复"，并不是指内容完全一模一样，而是指例子类似、主题雷同等，给人一种"重复感"。如2020年11月20日，《丽水日报》5版刊发的《石雕大师李德："石不惊人刻不休"》一文。

青田是石雕之乡，多年来写石雕大师的人物通讯很多，但基本上是采用"纵向结构"模式的——从主人公学艺写起，描写如何刻苦、如何出成绩等。然而，《石雕大师李德："石不惊人刻不休"》这篇文章，记者勇于打破常规，乐于尝试，采用"横向结构"模式写作，这一点值得肯定。但文中存在的问题也是明显的：

首先，三块内容的提炼本身是否科学存疑，第一部分写李德最擅长的白菜雕刻,第二部分写李德独创了一套"冲刀勾线法",第三部分写李德对石雕原石异于常人的要求。前两个部分的提炼没有问题,是李德的"个性",但第三部分却是许多石雕大师的"共性"——每位石雕大师都希望能得到一块好的石头。因此,第三部分的"亮点"并不能很好地表现文章的主题"石不惊人刻不休"。

其次,记者在第一部分的写作过程中,细致地描述了李德为雕刻好白菜,如何仔细观察和研究白菜;而在第二部分的写作时,同样细致地描述了李德为创立"冲刀勾线法",如何仔细观察和研究稻谷。这里使用的笔法以及描述的对象都存在类似性,给人一种重复感。

"双线结构"式

"双线结构",是指在"个体通讯"写作中,采用两条主线交错推进故事情节,使文本结构更新颖生动、文学性和感染力更强,给读者营造出一种多维叙述与时空转换的阅读体验。

"双线结构"有些类似倒叙和插叙的写作手法。我们在日常写作人物通讯时,经常会使用倒叙和插叙来交代一些背景情况。只是这些背景材料是非常零散的,彼此间没有形成独立的脉络。而"双线结构"表面上看两条主线是平行的,实际上其中一条是起到交代背景或者强化主题作用的"从线"。

2013年1月,中国报告文学学会副会长李春雷曾在《人民日报》上刊发过一篇人物通讯《我的中国梦》。这篇通讯,写的是时代楷模、中航工业沈阳飞机工业(集团)有限公司董事长兼总经理罗阳的事迹,作者就采用了"双线结构"模式写作:一条是罗阳去世前到辽宁舰观看歼-15

起降训练的活动过程，另一条是罗阳的成长历程、人生轨迹。

同时，作者将新闻常用的"倒金字塔"叙事方式应用其中，把人物最突出的几个亮点即最能显现精神、品格的片段串联起来，一个镜头一个镜头"蒙太奇"式地呈现。当前叙事与过往叙事两条主线，一紧一缓，一张一弛，叙述畅达，最后奔向高潮。

《我的中国梦》这篇"个体通讯"，包括引言总共有15部分，作者采用最简单的"一、二、三、四……"来标识每一部分内容。其中，引言和二、四、六、八、十、十二共7部分描述的是"罗阳去世前到辽宁舰观看歼-15起降训练的活动过程"这条主线，一、三、五、七、九、十一共6部分则是写"罗阳的成长历程、人生轨迹"这条主线的，而十三和十四最后这两部分，是前面两条主线交会后的继续——写的是罗阳去世后的内容。

在具体的新闻实践当中，像《我的中国梦》这样整篇文章采用"双线结构"模式写作的非常少见。一方面，这种结构模式的写作难度很大，要有很好的文字功底和很强的谋篇布局能力；另一方面，两条主线的选定比较困难，双线选择不恰当，很容易给读者带来割裂感。

《丽水日报》也曾于2017年3月27日刊发过一篇人物通讯《我的国学梦》，这篇文章就是模仿《我的中国梦》，采用"双线结构"模式进行写作的：

第一条主线——一位名叫方洁的乡下女孩，每个周六凌晨4点起床，辗转2个多小时从大山深处来到市区的万象书院上公益国学课；第二条主线——一位名叫潘正亮的老师，10多年来利用双休日时间，辗转多地、历经种种困难坚持开办公益书院，免费为孩子们讲授国学知识。

与《我的中国梦》不同的是，《我的国学梦》两条主线不是一个人，而是两个人。那这还是一篇个体人物通讯吗？实际上，这篇通讯的主人公是潘正亮。而方洁这个人物，是为了突出潘正亮所从事的国学推广这一公益行动的意义的：一位深山里的小女孩，不论春夏秋冬，不惧风霜雨雪，从乡下赶来听潘正亮的国学课，足以证明国学的魅力和潘正亮所从事的公益事业的意义。

比起《我的中国梦》，《我的国学梦》这篇文章在另一条主线的确定上，又大胆地迈出了一步。虽然在主题的表现上，同样能达到较好的效果，但从阅读体验上，却给读者带来了较强的割裂感：一个章节写方洁，刚刚进入作者营造的氛围，下一章节又突然切换成了潘正亮的故事。全文14个部分，频繁的切换，让读者难以适应。

"群体通讯"采写要"三防"

作为一种以叙事为主的文体，新闻的基本要素和记叙文的六要素大体是一致的。概括起来就是"5W+1H"，即谁（Who）、何时（When）、何地（Where）、何事（What）、为何（Why）、过程如何（How）。换一种说法，就是人物、时间、地点、事件、原因、发生过程。用更通俗的话语可以表述为，某人某时在某地由于某种原因做了某事出现了某种结果。

而在六要素当中，人物和事件在一篇新闻中的地位突出，占了大部分的篇幅。同时，"事因人生，人因事显"，人物和事件这两个要素是相辅相成、互为载体的关系。以通讯为例，人物通讯，主要通过人物的新闻事迹来展示人物的精神风貌；而事件通讯并不是纯粹记事，也要写人，写事和写人是分不开的，好的事件通讯是见事见人的。

在具体的新闻实践当中，有些通讯采访和报道的对象是群体而非个人。这样的通讯，有侧重写人的，也有侧重写事的，我们不妨把它统称为"群体通讯"。

常规的人物和事件通讯的采写比较简单——或围绕某一具体人物展开，或根据某一具体事件组织材料；"群体通讯"的采写，相对要复杂许多，既有权衡相关报道对象篇幅长短的问题，又有类似的内容如何进行角度的差异化选择问题，更有怎样合理安排结构以避免内容单一繁复的问题。

那么，如何才能采写出一篇精彩的"群体通讯"？答案可能宽泛到让人失望——功夫要下在方方面面。其中任何一个方面，都值得用三五千字去论说。但如果换个角度来提出问题——"群体通讯"采写要注意一些什么问题？答案却是具体而又有操作性的，即结合记者在采写"群体通讯"时常犯的错误，可有针对性地提出以下三点对策。

匀篇幅，防"独大"

"群体通讯"的采写，记者最容易犯的一个错误是"顾此失彼"。具体来说，就是经常把大量的笔墨和篇幅，放在群体当中的某一个人身上。于是，最终呈现出来的稿件，几乎变成了某个人的专访。而群体中的其他人都成了打酱油的，可有可无。

究其原因，有主观方面的，比如记者对题材把握不准，采访不深入等；也有客观方面的，比如主要人物的事迹特别突出，而其他成员的事迹相对平凡等。

2020年6月5日，《丽水日报》6版刊发了一篇题为《心装小家，胸怀大爱——记浙江"最美家庭"青田县黄伟君家庭》的通讯。先来看这篇通讯的引言部分：

> 这是一个温馨的家庭，丈夫黄伟君是国网浙江青田县供电
> 有限公司职工，妻子王蕾是青田县油竹实验小学语文教师。大

儿子17岁，小儿子12个月。他们一起用心创建了一个幸福美满的小家。

2018年，丈夫黄伟君，怀揣梦想，奔赴"世界屋脊"西藏，用坚定的脚步，换取藏区人民电力事业的发展。这期间他经历了体重暴降，血压飙升，但是为了不负重托，他依然义无反顾。

妻子王蕾，柔弱中带着坚强。三尺讲台上，她用真情和汗水，赢得师生的赞誉。柴米油盐中，她用努力和坚强撑起一片天。

黄伟君夫妇虽相隔万里，却心心相印、相互扶持。他们就像两朵美丽的格桑花，一朵绽放在雪域高原西藏那曲，一朵盛开在美丽侨乡青田。

他们心装小家，胸怀大爱。他们用实际行动诠释了"每一个援藏干部背后都有一个援藏家庭"的真谛……

这是一篇侧重写人的"群体通讯"，从副题可知，记者之所以采写这篇报道，是因为一个荣誉——浙江省"最美家庭"。这是一份集体荣誉。很显然，这个家庭中的每一个成员，对这一荣誉的获得，都贡献了自己的一份力量。因此，记者采访和报道的对象，理论上应该是这个家庭中的每一个成员。

当然，在实际操作过程中，有个贡献度的问题。该报道中，黄伟君家有4个人，小儿子刚满周岁，报道时可以忽略；大儿子还是学生，基本可一笔带过；剩下的两个人——黄伟君夫妇自然是重点报道的对象。从引言部分也可以看出，这篇报道中黄伟君夫妇分别占的篇幅，应该是差不多的。

然而,记者提交的长达 2500 多字的稿件中,真正写妻子王蕾的内容,仅有一个自然段 200 多字:

> 妻子身体本就瘦弱,一面要料理家务,照顾老人,一面要带着儿子奔波于家校之间。有多少次遇到大雨大雪的恶劣天气,为了能安全到校不迟到,她把孩子从被窝里拽起来,然后胆战心惊地挺着大肚子坚守三尺讲台;又有多少个加班的夜晚,当她忙完手头工作,看着半趴在椅子上睡着的儿子,她仰头望着窗外的点点繁星,硬生生地把眼中的泪水咽下。这一年,妻子没有把自己当一个孕妇,该做的事一件没落,该上的课一节没少。这一年期末,她任教的班级取得了年段第一的好成绩。

其实,王蕾还是一个非常有"内容"的人:丈夫援藏前一周发现怀了二胎,仍支持他进藏;既要照顾面临中考的大儿子,还要照顾做过心脏支架手术的婆婆;工作上不仅没有拖后腿,还教出了年段第一的好成绩。这一切,这位高龄孕妇是如何做到的呢?

很显然,王蕾对"最美家庭"的贡献度,也绝不亚于援藏的丈夫黄伟君。这一点记者在文章引言的最后一段已经做出了肯定。但记者在采写时,受一般人物通讯采写思维的影响,把视角限定在了黄伟君的身上——大量篇幅用于讲述黄伟君进藏后如何克服困难等——王蕾变成一个纯粹的"配角"。

原稿被编辑退回后,记者补充了一个 200 多字的例子:

　　婆婆做过心脏支架手术，她得小心谨慎地照顾，有时会有些小意外发生。2019年5月底一天凌晨1点多，临近预产期的王蕾身体不适，刚有些睡意，此时房门被推开了，婆婆捂着胸口跌跌撞撞冲进了房间。她意识到问题的严重性，马上开车把婆婆送到了医院急诊室。医生说，这种情况如果救治不及时是非常危险的，以后要时刻注意，有一点症状就得马上送医。因为这一句话，王蕾再也不敢深睡了，晚上都得等婆婆睡着了，她去婆婆房间看过后才放心，一有风吹草动就会被惊醒。

　　这个照顾婆婆的例子非常生动，王蕾的形象立马鲜明起来。可惜由于记者在采访时，没有就照顾临考的儿子、如何坚持教学等方面进行深挖，发稿前也只能仓促补充这样一个例子了。

　　同样在2020年6月，另一位记者采访了警察当中的"爆炸防控监管员"这样一个特殊的群体。这样的警察全丽水市有100多名，他们组建了一个微信工作群，名字叫"威豹队"——"威"与"危"谐音，意指危险品；"豹"与"爆"谐音，意指爆炸品。他们经常身涉险情，接触炸药、危险化学品等危险品，保障社会公共安全和企业生产安全。

　　在这一"群体通讯"的采写过程中，记者同样犯了"独大"的通病——基本上的篇幅都是写丽水市公安局治安支队危险物品管理大队大队长、"威豹队"负责人之一的叶磊。最后因为稿件很难修改，只得把原标题《炸药最近，他们是这样的警察》，改成了《叶磊和他的"威豹队"》,以达到文题相符的效果。

"群体通讯"的采写,可以适当聚焦群体当中的"领头雁""骨干人员"。客观上,他们在群体中起着主导作用,材料自然也更加丰富,且从某种程度上也能代表群体。但切记这不是个人专访式的通讯,要坚决避免顾此失彼,写成一人"独大"的稿件。且不说这篇新闻报道"文不对题",刊发后对被报道的群体来说,轻则影响其他成员的积极性,严重的还会引起内部的矛盾。

选角度,防"雷同"

"群体通讯",无论是侧重写人还是侧重写事,两者间都有一个共同特征,即最终的落脚点都是"事"。而所有采访对象所干的这个"事",在很多时候内容都是大同小异。比如前面提到的报道《叶磊和他的"威豹队"》,所有的爆炸防控监管员,面临的危险和日常所干的工作基本上是一样的。

雷同的素材,如何写出不一样的感觉?《叶磊和他的"威豹队"》一文,最后之所以没能写成一篇合格的"群体通讯",而是写成了一篇人物通讯,其中一个重要的因素就是记者为避免"雷同",而采取了从主要人物切入的写作手法。

2020年7月10日,《丽水日报》5版刊发了题为《老竹派出所:20年"账本"记录点滴清廉》的通讯文章。这是一篇典型的侧重写事的"群体通讯"——采访和报道的对象是20年来的相关民警,新闻点是"民警拒贿"一事。

该通讯全文近2500字,正文分为"心系百姓 忠诚为民""秉公执

法 守护平安""严守底线 维护正义"三个小标题。从这几个小标题看，很难明确区分出记者行文的角度和逻辑。具体来看这三部分的主要内容：

"心系百姓 忠诚为民"——写了两个故事。故事一：2001年，民警陈晓峰为村民李某的亲戚办理了户籍农转非。李某为表示感谢，拎来了两壶自家产的山茶油。陈晓峰和同事林跃儿拒绝。故事二：2001年，一对来自台湾的老夫妻，到老竹探亲暂住。相关手续相对烦琐，民警陈晓峰不厌其烦为其开辟了绿色通道，省去了不少麻烦。事后为感谢，他们递上100元新台币和一包香烟，陈晓峰拒收。

"秉公执法 守护平安"——写了两个故事。故事一：2010年，贵州籍犯罪嫌疑人被抓，其家属行贿现金被拒收，又将2000元充值到办案民警金岳霖的手机里。随后，金岳霖取了2000元存到犯罪嫌疑人的银行卡内。故事二：2019年，福建人蔡某因在老竹涉案，老竹派出所准备将其抓获，在对其进行规劝后，蔡某前来投案自首，后来取保候审。其间，蔡某多次打电话联系办案民警梁健鑫送茶叶被拒。

"严守底线 维护正义"——写了两个故事。故事一：2019年，胡某连续10多天一直追着所长夏华飞。每天都打他电话，和他套近乎，约吃饭。目的是为朋友杨某涉嫌侵犯公民个人信息隐私案说情。夏华飞明确拒绝胡某的约请。故事二：2020年，福建籍犯罪嫌疑人李某因隐瞒犯罪所得，被老竹派出所抓获。事后，李某舅舅多次在夏华飞下班的路上堵截，并企图行贿巨额现金，被断然拒绝。

由于这是一篇侧重写事的"群体通讯",且有个"20年"的时间跨度——也是新闻点之一——记者因此没有写成顾此失彼、一人"独大"的人物通讯。然而,却落入了"群体通讯"写作的第二个"陷阱"——内容"雷同"。

从该"群体通讯"三块内容的概况来看,这是一篇高度"雷同"的通讯。记者在采写时,没有充分意识到这个问题。所以稿件写成后,让人觉得整篇文章只是例子的堆砌,显得繁复雷同。

素材雷同是"群体通讯"的一个共性问题。要写好这类题材,也并非无计可施——材料雷同,但角度可以不同,即"角度差异化"。无独有偶,在《老竹派出所:20年"账本"记录点滴清廉》一文刊发前的一周,《丽水日报》还刊发了一篇采写基层派出所的"群体通讯"稿件《"枫桥式公安派出所"里故事多》。

这同样也是一篇侧重写事的"群体通讯",其新闻点在莲都区大港头派出所获全省首批"枫桥式公安派出所"称号。有经验的记者都知道,这样的"集体典型"并不好写——其实基层派出所并没有大案要案,更多的是一些鸡毛蒜皮的日常工作。

要把这些"日常工作"当成典型来写,且要写得好看,的确有一定的难度。搞不好就会变成材料的堆积——不仅典型性和可读性不强,而且会给人高度雷同的感觉。如何把这样的"群体通讯"写好?记者就采取了"角度差异化"的策略:

第一个小标题——"贴心:服务永不缺位、窗口'永不打烊'"。这部分内容,写的是派出所在日常工作中,如何实施破小案、办小事、解小忧、帮小忙、惠小利这"五小工程"。文中采用了"疫情封道期间民警用警车紧急送医误吞硬币的小孩"和"窗口民警24小时为群众办理各种手续"两个例子。前者实写,后者概写,非常准确地体现出了小标中的"贴心"两个字。

第二个小标题——"暖心:为人民服务的'菜警官'事无巨细"。如果说前一部分内容写的是民警在办公室"被动"为民服务,那么这部分内容写的则是民警"主动"服务于民——派出所8名民警、15名辅警组建了一个叫"菜警官"的微信群,为群众排忧解难。具体的例子是"疫情封道期间,'菜警官'想方设法为村民卖滞销的草莓以及春茶等农产品"。这本不属派出所的工作范畴,但"菜警官"却义无反顾,读来让人倍感"暖心"。

第三个小标题——"安心:'义警'和'帮帮团',铸就结实的'左膀右臂'"。辖区的和谐稳定,从来都不是靠民警孤军奋战可以实现的,更要发动群众实施群防群治。这也是"枫桥式公安派出所"一个重要的特点。这一部分内容,记者聚焦派出所牵头组织的各种"义警"和"帮帮团"队伍。有了"义警",平安不出事;有了"帮帮团",矛盾不上交。他们和民警一起,构筑了让人民群众"安心"的长城。

同样是雷同的材料,因为采写时切入的角度不同,最后呈现出来的稿件,给读者的感觉完全不同。贴心、暖心、安心,看似只有细微的一字之差,却很好地体现出记者把握材料和组织材料的能力。

调结构，防"单一"

如前文所述，素材雷同是"群体通讯"的一个共性问题。而避免最后呈现的文章给读者造成"雷同"的感觉，首先要采取的就是材料"角度差异化"的措施。然而，并不是每一个"群体通讯"的材料，都可以从不同的角度去切入。

如2020年3月20日，《丽水日报》3版刊发的《丽水"熊猫血之家"：爱，不稀有》一文，这是一篇侧重写人的"群体通讯"，我们先通过该通讯的引言部分，大致了解文章的主要内容：

> 有这样一群人，他们没有血缘关系，却亲如一家；他们没有义务，却常为社会献爱心。把他们联系在一起的，是流淌在身体里的特殊血液——Rh阴性血。由于稀有，Rh阴性血也被比喻为"熊猫血"。他们因而被人们称作"熊猫人"，那些积极参加献血的稀缺血型者被称为"熊猫侠"。
>
> 他们，一次次用自己的满腔热血演绎着感人的故事。

按照常规的采写思路，这一"群体通讯"的写作重点，一般是这群人如何"捐热血"的故事。但是每个人献血的经历是高度"雷同"的，无非是某年某月某地某人急需Rh阴性血救命，这些"熊猫侠"义无反顾、第一时间赶过去献血救人。

这样的经历，即便采取前述的"角度差异化"策略，最后呈现出的文章，仍然避免不了让人感觉内容太过"单一"。从文章的结构上分析，通讯大体可以采用并列式、递进式和混合式三种。很显然，"角度差异化"的写作方式，属于并列式结构。既然并列式结构无法解决"群体通讯"的"雷同"和"单一"问题，那么不妨采用递进式或混合式结构来采写。而实际上，《丽水"熊猫血之家"：爱，不稀有》一文，采用的就是混合式结构行文的。这篇文章正文部分约2900字，分成了四个小部分：

　　第一部分约700字。开头从"丽水稀有血型之家微信群里一条紧急求血的信息"切入，以一种紧张感抓住读者的神经，之后引出"丽水稀有血型之家"这样一个志愿者协会的来龙去脉，以及现有规模和2019年的献血情况——目前志愿者已有近300人。仅去年一年，献血人数就有174人，共献血小板15个治疗量，全血50700毫升。其中全血量相当于大约10个体重70公斤的成年人体内血液量的总和。

　　第二部分约860字。该部分内容，从"距离"角度切入。写的是在嘉兴上大学的丽水女孩麻倩榕，两次远距离献血的故事。一次是从嘉兴到杭州，为了避免献血当日奔波劳累影响献血质量，她连夜就赶到了杭州，自掏腰包住进宾馆休息。另一次是从嘉兴乘高铁赶到上海，为了尽早献血，她打的赶往医院。回程为了省钱，她乘坐地铁。由于地铁拥挤，她全程站到高铁站，刚献完血的她站到最后差点晕倒。

　　第三部分约850字。该部分内容从"总量"角度切入，写了两个已过不惑之年男人的故事。一个叫应晓明，加入丽水稀有血型之家后，已献血23次，全血8800毫升。除了献血，他还为团体的会议、活动、公益广告等出钱出力。另一个叫胡志松，是一名普通的出租车司机。献血量也非常之多，已经献血30次，合计总量9600毫升。他只要身体条件允许，对血站的请求基本是有求必应，宁可放下生意不做。

第四部分约450字。这是文章的收尾部分，记者别出心裁地让这个群体的灵魂人物——既是丽水稀有血型之家这一志愿者群体的发起人，也是一直以来的主要负责人——陈伟俊最后出场。这部分，记者没有再去写她献血的故事，而是写她带领这个团队，打破地域观念，和全省甚至全国的"熊猫血"捐献群体沟通联络，为所有需要用血的人牵线搭桥。这是对文章主题的升华，"熊猫血"稀有，爱，不稀有。

从上述四部分内容的概述可以看出，"群体通讯"的混合式结构，兼有并列式和递进式的特点。《丽水"熊猫血之家"：爱，不稀有》一文，第二和第三部分是并列式的，是相同素材的两个不同角度。而这两部分和第一、第四部分之间则是递进的关系。

除了混合式结构外，为避免"群体通讯"过于"单一"，还可采取递进式结构。如2019年4月12日《丽水日报》3版上刊发的《"护苗"十年！云和有群银发"网吧啄木鸟"》一文。这篇侧重写人的"群体通讯"，主要内容为：

2009年4月9日，云和县成立了由"五老"组成的网吧监督队。10年来，这群银发"网吧啄木鸟"不惧严寒酷暑逛网吧，只为揪出"小网虫"，守护未成年人健康成长。连续3年来，县

城网吧里已不见未成年人上网。而网吧老板从最初不配合，变
成了现在随时欢迎他们来"挑刺"。

这是一篇典型的递进式结构的"群体通讯"，正文内容分成三个部
分：三个小标题分别为"县城网吧连续3年不见未成年人上网""学校放
假，'网吧啄木鸟'上岗""从抵制到欢迎，网吧老板随时欢迎'啄木鸟'
来'挑刺'"。

该通讯的第一个小标题，看似从"效果"的角度切入，实际上和
《丽水"熊猫血之家"：爱，不稀有》一文一样，主要还是介绍云和县网
吧监督队的由来、人员组成情况以及工作成效等。而第二部分内容，则
以记者跟随银发"网吧啄木鸟"进行现场检查的形式，记录了他们10年
来的"工作"。第三部分则另辟蹊径，从网吧老板的视角，来评价和肯定
银发"网吧啄木鸟"的成效。

可以说，这是一篇从结构上堪称典范的"群体通讯"。尤其是第二、
第三部分的采写形式和视角都具有很好的创新性。实际上，前文提到
"群体通讯"，除去第一篇《心装小家，胸怀大爱——记浙江"最美家庭"
青田县黄伟君家庭》外，其他的文章完全可以参照这一结构进行采写，
相关问题自然也就迎刃而解了。

"谋篇布局"要下足功夫

　　一篇新闻报道的失败，只需要一个方面甚至是一个细节出问题；但是一篇新闻报道的成功，却需要在每一个方面、每一个细节上都下足功夫。每一篇报道的成败，大体上可以从宏观和微观两个方面去考量。宏观，指的是一篇文章体裁、写法与结构；微观，则是一篇文章的逻辑、语言文字，甚至标点符号。

　　宏观方面的内容是新闻报道的"骨骼"，微观方面的内容是新闻报道的"血肉"。一篇文章，首先应当立好"骨骼"，才能使"血肉"有所依附。反之，如果选错了体裁和写法，结构又没有很好去搭建，这样的文章即便写得繁花似锦，也是一篇华而不实之作。

　　实际上，立"骨骼"就是"谋篇布局"。磨刀不误砍柴工，对新闻采写来说，在"谋篇布局"上先下足了功夫，采访才不会偏了方向，写作才能更加顺利。

　　然而，一些年轻的记者不懂这个理，在拿到一个题材之后，就毛手毛脚地开赴前线立马开始采访。结果是采访时没有一个明确的方向，往往被采访对象牵着鼻子走，甚至带到了阴沟里。

　　采访回来后，又不加思考、理顺写作思路，想到哪里写到哪里、想到什么就写什么。结果文章提交编审后，要么伤筋动骨调整结构，要么补充采访修修补补。

既然"谋篇布局"如此重要，那么在具体的新闻实践当中，该如何"谋篇"，要怎样"布局"？

"谋篇"：合适的体裁与最佳的写法

有经验的记者，在拿到一个选题后，不会急于去采访——谋定而后动，采访前有许多的准备工作需要先完成。而其中首要的，当然是尽可能全面地掌握和选题有关的材料。

如今的通信技术非常发达，网络、手机等随时可以为我所用。如果该选题此前已有相关报道，可先通过网络查找、收集、整理后进一步熟悉材料；若是新题，则可通过手机、微信联系线索提供者、相关人员等，进一步了解情况。

上述工作，都是为更好地"谋篇"而准备的。巧妇难为无米之炊，再高明的记者，若对选题材料的了解不够深入，是很难做出准确的判断的。

"谋篇"的第一步，就是根据选题，为之选择合适的体裁。新闻报道最常见的体裁有消息、通讯（含特写）和评论。除了三种公开发表的体裁外，还有专门提供给党委、政府领导参阅的内部参考——"内参"。

大多情况下，一个选题只选择一种合适体裁进行采写。但有时候特别好的选题或者用一种选题不足以穷尽选题各方的内容时，则可以选择多体裁进行组合报道。这种组合，可包括两种体裁组合，甚至多种体裁组合。譬如：

因受新冠肺炎疫情影响,全国电影院自2020年1月24日开始关闭,直至7月20日才重新开放。这是一个特殊的选题,几乎和每个城市都有关,各级媒体也都可以去关注。这样的同题新闻,如何做出自己的特色,需要很好地去"谋篇"。

关于影院复工的消息,早已第一时间在新媒体上传开了。作为传统媒体的报纸,再选择"消息"这一体裁没有任何意义。很显然,这一选题也没有任何写"内参"的必要。

市区有哪几家影院复工?复工首场电影上座情况如何?影迷们如何看待影院复工?影院的防疫措施如何?这一系列问题,显然只有通过"通讯"这一体裁,才能很好地解决。为此,2020年7月24日,《丽水日报》5版刊发了通讯《178天,终于等到你》。

通讯见报后的第二天,《丽水日报》1版又刊发了评论文章《影院回归 务请珍惜》。该评论强调了影院回归来之不易,政府部门、影院和消费者各方防疫要慎之又慎,切不可掉以轻心。

通讯和评论的组合,让"影院复工"这一选题,得到了很好的诠释。

"谋篇"的第二步,确定选题的体裁后,进一步研究具体的写法。人民日报社原总编辑范敬宜曾经说过,任何一个报道,都应该研究写法,即研究究竟采用何种形式最能表达所要报道的内容。选择了最佳的写法,文章也就成功了一半。

2020年7月24日,《丽水日报》4版刊发了题为《畲乡小吃:藏在深闺人未识》的通讯。该选题的主要内容是:

　　　　在全国唯一的畲族自治县景宁,当地为打造"畲乡小吃"

品牌，改变过去散乱经营的现状，在县城开出了"畲乡小吃"样板店。样板店不仅集中了"畲乡十小碟""畲家十大碗"为代表的 60 多个美食品种，同时还集中了当地最有名的各类小吃的制作者。

这样一个选题，选用通讯体裁采写无疑是最合适的。但是该选题的通讯，具体的写法却有好几种：

第一种是常规的"新华体通讯"写法。即记者通篇用客观叙述的模式，讲述景宁打造"畲乡小吃"样板店的起因、经过、结果等。语言简洁，叙述客观，文章不带记者个人的感情色彩。

第二种是常见的"体验式通讯"写法。也就是在采写中把记者个人摆进去，以记者试吃各种"畲乡小吃"的经过和体会为主线，其间穿插"畲乡小吃"的介绍和样板店打造的情况等内容。

第三种是罕见的"文化散文式"写法。这种写法，不适合新闻性较强的题材。但对具有一定文化内涵的题材，则能很好地体现其深度和厚度。"畲乡小吃"本身具有浓厚的畲族传统文化特色，很适合这一写法。

《畲乡小吃：藏在深闺人未识》一文，采用的正是"文化散文式"的写法。全文分为"一座有'味道'的小山城"、"一家有故事的畲乡小吃样板店"和"一位有情怀的畲乡小吃推广者"三部分。由大到小，由整体到个体，既有"畲乡小吃"的传说，又有游客的体验感受，还有"畲乡小吃"师傅的理想和情怀等，整篇通讯读来有趣味、有知识、有思想，颇似一篇文化散文。

"布局": 合理的框架与多维的视角

确定选题的体裁和写法后,"谋篇"工作完成,"布局"工作开始。

经验丰富的记者,并不是等到采访回来后再开始构思写作的,而是早在进入采访阶段前,就已经开始思考:这篇稿子大体上分几块写?每一块都写些什么内容?这是"布局"的第一要务——给文章搭框架,让采访更加"有的放矢"。

当然,采访前就开始布局文章的框架结构,其前提是记者对选题内容已经了解得比较透彻。如果遇到的选题比较特殊,必须在深入采访甚至采访结束后,才能思考文章的构架,那么"布局"只能推迟至写作阶段才进行。

合理的文章框架,是采访的"指南针",更是写好一篇新闻报道的前提。文章的框架结构不合理,内容再好,也给人一种瑜不掩瑕的感觉。消息、评论的篇幅较短,框架结构相对比较固定,通讯则有较大的发挥余地,也因此更考验记者的"布局"能力。

2020年7月10日,《丽水日报》4版刊发了通讯《儿科医生吴杰: "科普,我是认真的"》。该文的主要内容是:

> 丽水市区一家医院的儿科主治医师吴杰,在急诊儿科坐诊过程中,发现许多家长对儿科疾病认识存在误区,经常听信民间"偏方",有的甚至处理不当耽误了孩子的治疗。从2015年开始,他通过朋友圈等网络渠道,开始普及儿科常见病的知识和应对方法。5年来,吴杰那些四五十到三四百字数不等的朋

友圈内容，积累起来汇编成《儿内宝典》，居然超过了10万字。而他的"粉丝"也越来越多，甚至有外地的家长带着孩子赶来，只挂他的号。

这样一个贴近生活、贴近群众的选题，放在报纸的专副刊版面上，可以说再适合不过了。记者的文笔优美，行文舒畅，事例生动。但美中不足的是，全文3500多字只分了两个小标题——引言部分300多字，第一个小标题部分1700多字，第二个小标题部分1500多字。如此的框架结构，从阅读上给人带来了"不适"的感觉：一是整篇通讯分两块，结构"不稳"；二是每块内容过长，读来"较累"。

对于一篇几千字的通讯来说，一写到底或者仅设置两个小标题，这样的"布局"显然是不合理的。这和几何学上的道理是一样的：一个点、两个点，只能确定"线"，至少要有三个点才能确定一个面。因此，通讯至少要有三个小标题，长篇通讯可扩至四五个小标题。

"布局"的另一任务，是确定文章写作的视角。这里所说的视角，类似于文学作品的"叙事视角"，新闻报道也一样存在"叙事视角"问题。视角的确定和框架的搭建几乎是同步进行的——即在采访刚开始时就要考虑的问题。

通讯写作的视角，可以从头到尾都是单一的，也可以是多维的。在具体的新闻实践当中，后者多于前者。因为多维的视角，不仅能从形式上很好地解决文章框架结构不合理的问题，更能从内容上让文章更加立体和饱满。

如前例通讯《儿科医生吴杰："科普，我是认真的"》，记者写作时整篇文章只分了两个小标题，是因为"布局"的功夫下得不够，采访时没有很好地去谋划文章的叙事视角——仅从吴杰的角度切入,写他如何科普儿科常见病的知识和应对方法。

其实,该通讯还可以从患者家长以及吴杰同事甚至领导的视角切入采写。内容可以列举吴杰的科普给某一家长带来变化的例子,也可以是同事和领导的评价。这其实是吴杰不遗余力科普的效果,这也是媒体之所以报道的重要因素。如果只是自娱自乐,没有任何成效,记者也没必要大篇幅去报道了。

《儿科医生吴杰:"科普,我是认真的"》一文,若是适当地调整和缩短原有两块内容,加入上述内容作为第三块,不仅解决了框架结构上的问题,同时也使得内容更加丰富。

实际上,在本文"谋篇"部分提到的通讯《畲乡小吃:藏在深闺人未识》,就是一篇采用了多维视角的范文。文章从一座城的视角,到一家店的视角,再到一个人的视角,内容丰富多彩,"立体感"很强。

热点策划，立场要鲜明

媒体平时所说的"导向"，指的就是"舆论导向"，即引导人们意向的传播行为。通过新闻宣传和报道，我们对社会舆论及舆论行为进行引导，进而正确引领社会思潮，促进经济社会健康发展。

事实上，舆论导向不仅体现在大方向上，更在每一个细节里。作为新时期的媒体从业人员，在大是大非面前，我们都能绷紧舆论导向这根弦，反而在一些具体的细节问题上，容易忽略了导向。

正确的导向，前提是媒体和从业人员要有正确的、鲜明的立场。具体到某一社会热点的选题上，首先我们自己要明确立场，对采编相关报道的目的，要有充分的认知。如此，才能在具体的采编过程中，时时处处体现立场，最终通过我们的宣传报道，达到良好的舆论引导效果。

2020年初，一场突如其来的新冠肺炎疫情席卷全球。一时间，公共卫生安全被提到前所未有的高度。尤其是疫情防控进入常态化之后，2003年非典期间曾一度进入公众视野的"分餐制"，再次成为社会关注的热点问题。

与非典疫情不同的是，这次新冠肺炎疫情带给我们更加深刻的教训。也因此，全社会尤其是政府，对分餐制推行的迫切性有了更加深刻的认识。譬如2020年4月30日,浙江省市场监督管理局就《公筷公勺使用和管理规范》推荐性省级地方标准,为期1个月,向社会公开征求意见。

关注社会热点、引导社会舆论是媒体的本分。而作为党报,宣传分餐制和公筷公勺使用的好处,引导社会民众尽可能分餐、尽快适应公筷公勺,更是义不容辞的责任。

为此,当年5月29日,《丽水日报》在浙江省级《公筷公勺使用和管理规范》即将正式批准发布前夕,就"分餐制和公筷公勺使用"这一社会热点,推出了4个整版的策划。

这一热点策划的目的或者说导向,是非常明确的——引导社会民众尽可能分餐、尽快适应公筷公勺,这是大方向。但是在具体的采编过程中,很容易在某一个细节上出现偏差。因此,热点策划要时时处处注意立场鲜明。

选材

我们平时常说的"新闻题材",其实是一个组合的概念,即"题"和"材"。因此,选材和选题是两个概念。题为大,材为小,即选题是选定一篇新闻总的写作方向,选材则是围绕这个方向组织内容材料。

具体到"分餐制和公筷公勺使用"这一社会热点来说,"分餐制和公筷公勺使用"是策划的选题,实际当中要如何更好地体现这一选题,则是选材的事情。

《丽水日报》3版至6版4个整版的策划,从选材上分析,大致上可以分为:中国饮食文化的演变、餐饮业分餐制及公筷公勺使用的现状、家庭分餐制及公筷公勺使用的现状以及通过实验来说明使用公筷公勺的重要性。

显然，这样的选材安排，目的性非常明确：让读者知道，分餐和使用公筷公勺很有必要。

3版《从分到合，再到合中有分——中国饮食文化的千年演变》一文，告诉读者分餐制并非今日才有的新鲜事，在中国的饮食文化中，分餐制古老、传统、地道。作为我国最早的饮食方式雏形，它至少"统领"了3500多年，可上溯至上古时期。直到宋代，现代意义上的合餐方式才成型。

通过对中国饮食文化演变的梳理，从历史的角度追根溯源，让读者明白我们的老祖宗实际上是实行分餐制的，分餐制并非"舶来品"。这样的选材，让读者对分餐制具有历史认同感。

4版和5版的选材，则从历史角度进入了现实角度，即在当今社会餐饮业和家庭中，分餐制与公筷公勺使用的现状以及相关人员的认知。其中，4版餐饮业的文章，选取了"酒店""火锅店""餐馆"三种不同种类的餐饮进行调查综述；5版则选取了分餐的家庭个案进行采访剖析。

如果说，前面3个版面的选材，都只是从文字角度努力引导读者分餐和使用公筷公勺，那么6版的选材，则从数据角度非常直接地告知读者，分餐和使用公筷公勺的必要性——疾控部门的实验表明，使用公筷公勺和不使用公筷公勺用餐后的菌落总数对比非常明显。

可以说，这样的选材是经过精心策划安排的，导向鲜明。然而，美中不足的是，5版采写的两个分餐制家庭当中，其中一个家庭事实上并未实施分餐，文中甚至多次强调分餐的难度。这样的文章，显然是在削弱主题和导向。

经了解得知，相关记者先是对线索了解不够深入；然后该策划的选材确定后，记者在采访中发现了问题却没有及时报告，仍然勉强成稿；

等到稿件上版进入编审阶段，此时发现内容存在问题，如果临时撤稿，则影响版面推出，最后使得该选材成为整个策划的一大瑕疵。

标题

标题是文章的"眼睛"。看一篇文章，首先看的是标题。很多时候，从新闻的标题里就可以获取丰富的信息——有时可以获知文章的主要内容，有时甚至可以清晰地知道作者或媒体的倾向和立场。

热点策划，本身就是具有倾向性和鲜明立场的新闻报道，因此，我们更要时刻注意标题的立场。就"分餐制和公筷公勺使用"这一社会热点策划，在编审过程中，我们发现标题上存在的问题不少。

如3版文章《从分到合，再到合中有分——中国饮食文化的千年演变》，破折号之前的"从分到合，再到合中有分"是引题。在记者最初提交的稿件中，该引题的表述为"从分餐到合餐"。

从文章的具体内容来看，中国饮食文化，从上古时期的分餐制，到中古时期的合餐制，再到近现代西餐传入，分餐制再度兴起。在当下中国，饮食方式已然形成一种以合餐制为主流，同时兼容分餐制的包容文化。

因此，原稿中用"从分餐到合餐"这一句话作为引题，显然和文中内容是有出入的，是不够准确的。同时，这一热点策划的目的之一，就是引导读者实行分餐制。开篇文章虽然是从历史演变的角度切入，但如果引题到"合餐"就戛然而止，显然在导向上是有瑕疵的。

正是基于这样的考虑，最后编辑把引题修改成了两句话，即"从分到合，再到合中有分"。

再如4版《餐饮业公筷公勺使用情况观察》一文，文章原先的标题是《聚餐文明观察：分餐制还远吗?》。这一原标题，冒号前面是客观的描述，冒号后面则是一个疑问句：分餐制还远吗？

如前文所述，文章的标题，很多时候就隐藏着作者或媒体的倾向和立场。"分餐制和公筷公勺使用"这一社会热点的策划，《丽水日报》的倾向和立场是鲜明的——当前实行分餐制和使用公筷公勺势在必行，并且是不容置疑的。

在这样的策划背景下，具体的文章标题却出现了"分餐制还远吗?"这样的疑问句，显然是立场不够鲜明的体现。

最后再来看5版的文章《10年前想分餐，10年后仍未实现，他认为是——"合餐习惯很难改变，分餐难度大"》。这篇文章也是前文提到过的"问题选材"——本身这篇文章就和整个策划的立场不协调，甚至有"唱反调"的嫌疑。

再看主标题，即破折号后面的这句话"合餐习惯很难改变，分餐难度大"。这个主标题很明显向读者传达出的是这样一层意思：中国人已经习惯一起聚餐了，现在要想实行分餐制，难度非常大。

很显然，这样的标题与整个热点策划的导向是相违背的。

内容

和标题一样，新闻稿件的内容，同样也是通过文字的表达来表明立场的。当然，无论是标题还是文章的具体内容，除了新闻评论外，这一立场的表达都是悄然进行的，不易被读者察觉的。

先来看"分餐制和公筷公勺使用"这一热点策划3版的主打文章《从分

到合,再到合中有分——中国饮食文化的千年演变》中最后一部分内容:

> 可以说,从分餐到合餐是中国社会心理和饮食文化的一次
> 重大转变,最后以合餐的形式建构出用餐者"共同体认同感"
> 的饮食文化功能。
>
> 当然,这样的转变不是分裂,而是与"礼之用,和为贵"
> 的思想文化有关。围桌共食,象征一家人和和美美、友人间和
> 乐融融,深层次传播的是"以衣衣人,以食食人"推心置腹的
> 待客之道。
>
> 在当下中国,饮食方式已然形成一种以合餐制为主流、兼
> 容分餐制的包容文化——
>
> 分案而食,因其古老地道而"名正言顺";围桌合餐,当是
> 延续至今的"新传统"。

这是文章的结尾部分,但是从上述文字中,读者很容易陷入一种
"找不到北"的迷惘:这篇文章到底是支持分餐制还是支持合餐制?因为
这个结尾,大量的笔墨是在说合餐制的文化或者说是合餐制的"好处"。
尤其是最后一句"围桌合餐,当是延续至今的'新传统'",到此就结束
了,是否意味着该文的记者是认同合餐制这个"新传统"的?

既然这样的结尾,容易让人产生这样的怀疑,说明这个结尾是有问
题的——立场不够鲜明。为此,在编审过程中,我们最后加上了这样一
段话作为结尾:

> 然而,2020年庚子鼠年,随着一场突如其来的疫情席卷大

江南北，或许已合餐千年的中国餐饮文化，即将面临一场新的嬗变——走向"合分有度、合中有分"的公筷公勺制。

显然，这样的结尾是具有鲜明的立场和导向的，策划该社会热点报道的目的，就是引导社会民众走向"合分有度、合中有分"的公筷公勺制。

再来看一段文字：

在内心里，方裕成非常赞成分餐，"像学校食堂、酒店早餐、西餐厅等都实现了分餐，但在家庭成员、亲朋好友聚餐时，还是很难做到"。

这是5版文章《10年前想分餐，10年后仍未实现，他认为是——"合餐习惯很难改变，分餐难度大"》最后结尾的一句话。这篇文章的选材，本意是报道已经实施分餐制的家庭，从而起到示范作用的（前文已具体提到其选材和标题都存在问题）。但这样结尾，特别强调了"很难做到"，显然是在"掐灭"读者对分餐制实施的希望。

在编审过程中，这个结尾被加上了这样一句话："但是，分餐制的普及，肯定是有一个过程的，相信在全社会不断努力下，这一天很快会到来。"

结构

新闻报道的导向和立场，不一定都是通过文字直接表述出来的，有时候还可以通过图片、版式语言甚至是结构来体现。这里所说的"结构",主要指的是文章素材的顺序安排。来看《餐饮业公筷公勺使用情况观察》一文中的以下段落:

①一家人(在外面)吃饭到底要不要用公筷公勺?对此,记者走访了多家餐馆,发现尽管不少市民对于(使用公筷公勺)这一倡议拍手叫好,但在现实生活中,推广公筷公勺还是遇到了困难。

②在市区大洋路的品记煲餐厅,服务员赖令微说,尽管他们会在每一桌放上公筷,并提醒客人使用,但一些客人并不爱用。他们也不能强制对方,只能是尽力引导。在万地广场的另一家主打炒菜的餐厅,老板也直言,由于是家庭聚餐多,客人认为一家人没必要用,有时公筷很被"嫌弃",会被认为占地方,要求撤走。

③对此,记者也采访了一些市民。其中一位用餐客人表示,原本是一家人,用公筷显得太生分了。还有市民认为,中国人历来的饮食习惯,就是一家人围坐在一起,吃饭聊天,这是一种亲情的体现,提出用公筷,会有距离感,有点伤害家人的感情。

④但更多人还是认为使用公筷是一种新风尚,值得推广。市民张晓丹认为,使用公筷应该成为一种习惯,不管是跟家人还是朋友吃饭,这个举动不是因为生分,而是为了他人健康着想。

这段文字由4个自然段组成，①②两个自然段只是客观地叙述，③④两个自然段则分别表达了两种截然不同的观点：第③自然段的观点是反对一家人吃饭使用公筷公勺；第④自然段的观点则支持一家人吃饭使用公筷公勺。

缺乏经验的记者，很可能会把③④自然段的顺序调换过来，认为这只是个前后的顺序问题，既不增一字也不减一字，谁先谁后无关紧要。事实上，这不仅仅是先后顺序问题，其中还隐藏着一个立场问题，即作者或媒体支持哪一种观点，就把这一观点放在后面压轴。这样，让读者会有一种被"掰"过来的感觉。

通过文章的结构来表明立场，在新闻报道中并不鲜见。尽管我们的新闻报道除了新闻评论外，原则上要客观公正。但实际上所有的新闻报道，从某种角度上讲，它本身就是有倾向和立场的，这就是导向。当这种导向不宜用文字直接表述时，就需要用结构来体现。

这种情况，尤其在一些法院判例的报道中经常出现。譬如一个引起社会极大关注的争议性民事案件判决后，媒体除了报道原被告的观点以及法院的判决结果外，往往也会请一些法律界人士对案件进行"评述"。此时，作为媒体，不宜直接表明支持原告还是被告，但法律界人士不同的观点刊发位置，事实上也隐秘地说明了媒体的立场。

"涉弱"报道的正确方式

　　弱势群体概念比较宽泛，主要指的是社会中一些生活困难、能力不足或被边缘化、受到社会排斥的社会群体。这一群体又可分为两类：社会性弱势群体和生理性弱势群体。前者主要是由社会原因造成的；后者主要是由明显的生理原因造成的。

　　关注和帮扶弱势群体，是媒体的社会责任的体现。同时，弱势群体往往也存在"此弱彼强"的闪光点，值得社会大众学习的地方。因此，"涉弱"报道，几乎是所有媒体都会碰到的一类新闻。

　　常见的"涉弱"报道也可以分为三种情况：一是输入型，主人公大多需要社会各界给予帮助；二是输出型，主人公往往能向社会输出一种积极向上的能量——或自强不息，或身残志坚等；三是松散型，该类报道的新闻点本身与社会弱势群体身份的关联度并不紧密。

　　经验不足的记者，在采写"涉弱"报道时，就经常会犯一个极力"卖惨"的错误。因此，尽管这三种"涉弱"报道各有各的写法，但都有一个共同的问题需要特别注意，即文中涉及的人物弱势情况该以什么样的方式处理。

输入型"涉弱"报道：弱势情况只需客观叙述

输入型"涉弱"报道，更通俗地说是一种"求助报道"，即社会上因病因残或其他原因而陷入某种困境的群体，通过媒体的报道和呼吁，从而引起社会各界的关注和支援。求助报道又可以分为两类：一是季节性报道；二是偶发性报道。

每年暑假高考分数公布之后，各地媒体都会对一些成绩优异却家庭困难的准大学生，进行一定规模的报道，即助学报道。《丽水日报》从21世纪初开始，曾连续做过10多年的助学报道。

这些优异的学子，他们的不幸各有各的不同。有些是父母去世或残疾，家中丧失劳力；有些是因为家人生病，长年累月吃药拖垮家庭；有些是遭遇突发事故，因而债台高筑。无论哪种情况，对于即将进入大学校园的贫困学子来说，他们迫切需要资助，更需要维护自尊。

因此，在采写助学报道时，不能为了博取社会的同情和帮助，就长篇累牍去描述他们家庭的不幸、生活的惨状。而应尽可能在让他们得到帮助的同时，又兼顾到他们的自尊心。那么，要如何才能做到"鱼和熊掌"兼得？

一是用较大的篇幅，客观叙述贫困大学生的真实处境。作为求助报道，首先必须让读者了解他们的困境。采写困境，我们要牢牢抓住真实、客观这两个标准，不添油加醋、不煽情渲染，但也不回避问题。

二是在叙述家庭困难的同时，尽量用同等甚至更多的篇幅，去描述贫困大学生如何勇于面对困难、他们的家人如何百折不挠等等。总之要让人看到他们的闪光点，让人觉得他们不只是"等、靠、要"，而是一直在努力。

这样的报道思路和结构安排,同样适用于偶发性的特困类求助报道。

2015年5月,《丽水日报》刊发了一篇题为《收废品的花季少女,撑起了一个家》的通讯。这篇近1400字的通讯,从表面上看,是写15岁的女孩——初一学生张景芳,带着8岁的弟弟,靠周末收废品撑起一个支离破碎的家。

事实上,这是一篇求助报道。报道的目的,是为张景芳身患直肠癌的父亲张怀纯,筹集高达几十万元的医药费。该通讯一改常规开门见山的写法,而是从女主人公和弟弟某个周末收废品的场景切入,然后再追根溯源告诉读者,这对姐弟为什么要去收废品,从而自然地引出他们父亲的病情以及家庭困难的处境:

> 张怀纯,景宁畲族自治县英川镇董川村人,在温州打工多年。3年前被查出直肠癌后,回景宁治疗。3年来,他历经17次化疗、25次放疗,人瘦成了一把骨头,家里也欠下了一屁股债,妻子不堪生活的困苦离家出走。
>
> 病情稍稳定时,收过废品;不适时,带着儿子捡垃圾。尽管和儿子每月有200多元的低保金,但这点钱是远远不够的,因此生活陷入了前所未有的困顿。
>
> 今年正月,他因突发绞窄性肠梗阻伴发肠穿孔入院,医生为他做了肠部分切除手术。医生介绍:"他的身体状况非常差,长期的营养不良导致贫血、低蛋白血症,这种情况,手术后很容易引起感染,容易导致腹腔感染、切口感染等并发症。"果然,术后排尿困难——每半个小时就想排尿,可就是排不出,

还有些痛。

　　现在，一家人租住在不足10平方米的老房子里，每月房租100元。由于长期卧床，黑乎乎的房间里，一股难闻的味道挥之不去。"家里的米，都是好心人送的。"张怀纯无奈又感激地说。

近400字的客观叙述，足以讲清楚这个家庭的困难了。剩余1000字左右的篇幅，描述的都是少女张景芳的勇敢和懂事。比如：

　　爸爸生病后，妈妈受不了苦，常年不在家，生活担子都落在了张景芳身上。她接过了爸爸的三轮车，走街串巷，上门收购废品——她收废品，从来不带秤。"很多好心人白送废纸、饮料瓶什么的；碰到卖废品的人，就估摸着给钱。"沿着爸爸走过的线路，水果店、超市、居民区……每周转上一两次，挣上二三十元钱，用来买米买菜。

再如：

　　除了收废品，15岁的她，丢下了硬笔书法、绘画等特长，课余时间承担起"妈妈"和姐姐的角色与责任，洗衣、做饭、辅导弟弟作业……照顾重病的爸爸和年仅8岁的弟弟。

这样的求助报道，不是靠"卖惨"博得同情和怜悯，而是靠自强不息的精神感动社会。人们帮助这个不幸的家庭，更多的是对少女张景芳的心疼和敬佩。

事实证明，这样的"涉弱"报道是成功的，既传递自强不息的社会正能量，又在短短一周内收到了超过100万元的善款。

输出型"涉弱"报道：弱势情况只需引出问题

输出型"涉弱"报道，主要报道的对象是残疾人群体。从某种角度来说，在新闻中他们是以"强者"的姿态向社会"现身说法"的。而我们采写这类新闻的目的也是非常明确：向社会输出自强不息、身残志坚，积极乐观面对人生的正能量。

由此，输出型"涉弱"报道，可以分为自强不息类和身残志坚类。前者更多着眼于普通的残疾人群体如何积极乐观地面对生活和工作；后者则着眼于残疾人群体中的佼佼者，他们在生理上存在一些缺陷，但在某一方面所取得的成就却让身体健全的人都要刮目相看。

2020年5月15日，《丽水日报》3版刊发了人物通讯《聋哑人叶桂：自强不息送外卖》，这是一篇典型的自强不息类输出型"涉弱"报道。文章讲述的是这样一个平凡而又感人的故事：

> 聋哑的小伙子叶桂，用诚恳、自强自立的精神感动用人单位，破例成为丽水市区第一个聋哑外卖配送员；入职后不畏艰辛、克服聋哑的障碍，付出比正常人多出几倍甚至十几倍的努力，最终成为市区300多名外卖配送员中的佼佼者。

普通人送外卖不是新闻，聋哑人当外卖配送员，而且干得比常人还要好，这就是值得报道的新闻。但我们要注意报道的重点，不是聋哑人的"聋哑"这一特征，而是他们如何在工作中克服重重困难成为佼佼者的。

可以说，输出型"涉弱"报道，在内容结构的安排上，相比较输入型"涉弱"报道，其中涉及弱势情况的内容要更少——甚至只是简简单单的几句话，交代背景，引出问题即可。这部分内容严格来说，只是整篇文章的一个简短的引子。譬如《聋哑人叶桂：自强不息送外卖》一文的开头：

<u>最早一名入职饿了么平台的聋哑外卖小哥叫叶桂。</u>
<u>这个来自青田的小伙子勤奋上进，妻子也是聋哑人。</u>他们有一个可爱的女儿，再过不了一个月，他的第二个孩子即将出生。

以上画线部分的内容，以最简洁的语言对主人公及其家庭的弱势情况进行了交代。紧接着又用了一句话"他们有一个可爱的女儿，再过不了一个月，他的第二个孩子即将出生"来补充说明这个家庭的负担。

难能可贵的是，记者在此后的行文中，并没有花任何的笔墨去描述这个家庭过去和现在因为主人公夫妇都是聋哑人，在生活上遭遇的种种困难甚至苦难。也因此，文章从头到尾，没有任何一行悲情和卖惨的文字。

相反地，从上面不到百字的开头里，读者却强烈感受到了这个特殊家庭的希望：小伙子勤奋上进，有一个可爱的女儿，第二个孩子即将出生。

这篇通讯余下的3000多字内容,如前所述,写的全是聋哑人叶桂在工作过程中所表现出的奋斗、拼搏、自强不息的精神。显然,这非常符合输出型"涉弱"报道的特点——向社会输出正能量。

不讨不要、不等不靠,为了生活自强不息的普通残疾人足以让人敬佩;那些身残志坚、在某一领域取得突出成就的优秀残疾人,更让人刮目相看。这些残疾人群体当中的佼佼者,更是新闻报道的"宠儿"——他们身上所拥有的某种精神,甚至是许多庸碌无为的普通人难以企及的。

51岁的陈红,就是这样一个值得人们刮目相看的残疾人。2020年1月3日,《丽水日报》3版以《陈红:活成一座令人信服的"雕塑"》为题报道了陈红动人的事迹。在这篇2700多字的人物通讯中,记者严格遵照了输出型"涉弱"报道对主人公弱势情况的处理规则:

> 因小儿麻痹症导致高位瘫痪的她,既抬不起手,也下不了地,就连坐在轮椅上,也需要母亲用布条"绑住"她,生怕一不留神,就滑下来,"因为身体没有一丁点儿支撑力"。

和《聋哑人叶桂:自强不息送外卖》一样,这篇"涉弱"报道在文章的开头,对主人公的弱势情况同样只用了不足百字进行介绍,下文则全部是描述陈红身残志坚的故事:

> 无法像正常的孩子一样上学,手脚又不能动,陈红用嘴翻书、翻字典,坐在轮椅上花了6年时间,自学"啃"完了从小学到高中的全部语文课程。
>
> 20岁开始学用嘴"衔"住画笔学画画,因为牙齿长时间咬

住笔，导致咀嚼都十分困难，口腔里充斥的全是竹竿的涩味，味觉也一度失灵。舌头破了，嘴唇起茧，陈红也不愿放弃。

陈红的作品先后获得全国和省市各级残疾人书画比赛大奖，2005年加入中国残疾人美术家联谊会，已举办了3次个人画展……

这样的"涉弱"报道，才是媒体和社会共同需要的——它能给社会输出一种像阳光一样激发人积极向上的正能量。

松散型"涉弱"报道：弱势情况只需点到为止

与输入型和输出型"涉弱"报道不同，松散型"涉弱"报道的主要对象，不是弱势群体本身；或者报道对象的事迹，本身与弱势情况无关。因此，可以说这类报道，弱势情况在文中仅仅是"打酱油"的身份，只需点到为止，有时甚至可以模糊处理。

记者如果对此认识不到位，就往往容易犯"卖惨"的错误——用大篇幅的内容，去描述非必要的弱势情况。这些画蛇添足的内容，会削弱报道的主题。而其根源，在于记者没有很好地理解"一切不能表现主题的材料都是障碍"的道理。

2020年7月24日，《丽水日报》6版刊发了通讯《18年不间断，爱心"小超市"释放扶贫济困"大能量"》。从标题即可大致推知，这篇文章报道的重点是"爱心超市"，而非超市扶贫济困的对象——社会弱势群体。

因此，该选题的写作，应该从"爱心超市"的组建、运维、成效三个角度切入，浓墨重彩去描述社会各界爱心人士，如何让"爱心超市"18年源源不断向弱势群体输送爱心和正能量的。

然而，在提交的原稿中，记者却用了不少的篇幅，去介绍受助弱势群体的惨状：

> 社区居民陈正光今年已有50多岁，手部三级残疾，一个人抚养儿子。自2005年起16年来，他一直受到"爱心超市"的帮助。"爱心超市"每两个月为他赠送米、油、肥皂、酱油等100元左右的生活物资，解决了他生活的燃眉之急。

> 1952年出生的黄土周以前住在福建一带的庙里，是一名流浪汉，无儿无女，精神失常。2017年，不少寺庙被拆除后，他更是居无定所。"我们第一次见到他时，他不说话，只是低着头，蹲在地上，病重的样子。"社区工作人员了解情况后，为其申请了低保和廉租房，2017年8月当月就给他发放了爱心超市"爱心卡"。连续多年的爱心帮扶，使黄土周的生活得到了大大改善。

> 4岁男孩吴某因患有自闭症、父母离异，而被父亲抛弃。由于母亲是智障，跟随外公外婆长大。外公中风后，一家四口仅靠外婆一人照顾。随着外婆年纪越来越大，生活越加困难。自从加入"爱心超市"，吴某每两个月能领一次物资，保障了基本的生活需求。

甚至更有这样"惨不忍睹"的描述：

> 独居老人叶根华生活困难，经常饥一顿饱一顿，社区工作

人员担心他吃不饱，给他送去了八宝粥等。今年4月15日，又到了爱心超市领取生活物资的日子，工作人员没见到叶根华的身影，便打电话给他，无人接听。由于第二天还是没有联系上叶根华，工作人员焦虑地坐不住了，考虑到老人的安危，便决定上门查看情况并将物品送过去给他。敲门无人回应后，工作人员随即拨打了110，开锁进门才发现人已过世。

该选题的新闻价值，本身在于"爱心超市"的正能量。这一点，从通讯的标题上一眼可见。然而这样"集纳式"大篇幅地"卖惨"，削弱主题不说，更大的问题是很容易产生非常不好的负面效果：2020年是全面建成小康社会的决胜之年，该报道见报于7月底，读者看到之后，不仅会产生疑问——到现在居然还存在如此贫困和悲惨的人？基层党委、政府是否对这些人缺乏关心？

因此，在编辑过程中，我们对上述相关内容进行了修改和删除。

同样是松散型的"涉弱"报道，《丽水日报》5版刊发于2020年5月15日的通讯《樊苏静：创新老手艺，点亮新生活》，对弱势情况就处理得非常恰当，真正做到了"点到为止"。我们先来看这篇通讯的引言：

从T台上的服装设计"未来之星"到传承传统手工艺的"守"艺人，从大城市到小县城，7年来，缙云姑娘、现代"绣娘"樊苏静走过了一条与众不同的创业路：她拿起绣花针，学会了100多种古今中外绣法，并将传统手工艺活化于当下；她线上开直播教授手艺，线下开体验课，为热爱刺绣的人带去全新体验；她入选国家文物局主办的"互联网+中华文明"匠人训练营，作品在国际手工创意展展出，中国丝绸博物馆、南京博物馆等先后向她的作品伸出了橄榄枝……

通讯的引言，有时候就是文章主要内容的高度概括。这段引言就是如此，从中我们可知这篇通讯的主题和概貌。

事实上，主人公樊苏静也是一个有病在身的人，属于生理性弱势群体。多年来曾四处求医，需要支付高额的医疗费用。但这一弱势情况，与本文写作的主题关联度不高，且为保护其隐私，记者在写作时只是模糊地点了一下：

> 如果一直坚持着，樊苏静也许能成为"缙云李子柒"。这个时候，她的眼睛突然出现了问题。"为了治疗，我不得不四处求医，长期服用激素，导致容貌改变，多次人脸识别失败，没有了自信心，于是就停了直播。"说起来，樊苏静语气里满满都是惋惜。

综上所析，"涉弱"报道的正确方式可以简单归纳为两点：避免一个误区，即要避免陷入"卖惨"的误区，警惕大量的涉弱情况描述会削弱主题，甚至被负面解读；把握一个规律，即从输入型到输出型和松散型，涉弱情况描述应该越来越少、越来越浅。

通讯创优，全流程要"慢"

——一个失败案例的教训

在新闻所有的要素中，时间要素至关重要。从字面上作机械的理解，新闻的"新"就是时间要素，即"新鲜的""最新的"。这就涉及两个方面的问题：

一是时效性。时效性讲的是一篇新闻从发生到报道的时间要短、要快。互联网时代，即时通信发达，人人都是麦克风，不要说"隔夜新闻"，有时候"隔时新闻"都已经是陈芝麻烂谷子——不是什么新闻了。

二是独创性。独创性则要求报道的内容要首发或者创新。新闻已经发生，或者还在持续当中，人家已经报道了，你如果再去报道，又没有新的角度和新的内容，这种炒冷饭的报道也不是新闻。

在实践当中，时效性和独创性主要分别指向两种新闻体裁，即消息和通讯。具体来说，消息要求时效性强，通讯则要求具备独创性。当然，这不是绝对的，通讯作为新闻的一种，也有时效性的要求。绝大多数通讯，同样需要在第一时间发现、第一时间采编和刊发。

可以说，念好"快"字诀是新闻制胜的法宝，对创优的消息稿件尤为如此。因为消息是以客观叙述为主的新闻事实，其本身所承载的信息

163

量是比较固定的,不同媒体很难有自由发挥的空间。因此,彼此间抢的就是时间,谁快谁赢。

然而,"快"字诀对创优的通讯则不适用。相反地,通讯创优,一定要念好"慢"字诀,全流程要"慢"。因为通讯要在新闻评奖中取胜,一是靠主题,即选题本身要有很高的新闻价值。同时在采写过程中,站位和角度的选择也至关重要。二是靠时机,许多时候,时效性甚至可以不去考虑,恰当的刊发时机才是其脱颖而出的重要保障。

"慢工出细活,快了则很容易出差错",这句话用于通讯创优最合适不过了。本文以一篇最终创优失败的通讯——《幸福之花在脱贫路上绽放》为例,分析通讯创优在全流程上如何"慢"下来。

选题要"养"

消息的选题要靠抢,所以叫"抢消息"。谁抢先刊发了,谁就赢了。通讯则不同。虽然普通的通讯,也讲究一定的时效性,能早则早。但对于一些可以做成精品去参评各级新闻奖的通讯来说,则要"养",即寻找一个最合适的刊发时机。

这样的通讯选题,当然也可以在拿到后的第一时间去采编、刊发。但刊出后的传播效果,往往不尽如人意。如果"养"到合适的时机再推出去,就会收到特殊的效果。

2020年9月18日刊发于《丽水日报》3版的通讯《幸福之花在脱贫路上绽放》,其故事梗概是这样的:

主人公孟文庭是一位农民,1999年干活时不慎摔成了肢体三级残疾，长年卧病在床。而两个年幼的儿子还在上小学，药费、学费、生活费的重担，全部压在妻子一个人的肩上。这个因意外致残致贫的家庭，曾一度青黄不接、困难重重。

2004年，时任浙江省委书记习近平来到孟文庭家，鼓励他要想方设法克服困难，看到前景看到希望；困难就这些年，要对生活有信心。

备受鼓舞的他进行了不懈的康复训练，并和妻子一起种起了茶叶。其间，两个儿子先后研究生毕业，且都有了稳定的工作和家庭。而孟文庭夫妻也通过自己勤劳的双手，脱离了贫困，盖起了新房，过上了幸福的生活。

概括来说，这是一个讲述"因意外致残致贫的主人公一家，如何走上脱贫奔小康之路"的选题。记者得到线索是在2019年的上半年，如果作为一篇普通的通讯，当时就可以采写刊发。但报题会上，大家一致认为这是一个很好的题材，不能急，要"养"。因为2019年的重大主题是新中国成立70周年，2020年的重大主题才是脱贫致富奔小康。因此，这个选题足足养了一年多时间，等到2020年国庆前夕才采写刊发。

"非敢缓也，盖有待也。"其实在新闻界，"养"题、"养"文现象并不鲜见。

人民日报社原总编辑范敬宜的《总编辑手记》一书中，有一篇写于1997年1月31日的手记《把握发稿的时机》。手记讲的是当天的《人民日报》1版头条刊发了一位年轻干部的来信的事情。

该来信的主要内容是"呼吁不能再这样挥霍公款吃喝了"，而这封信被编辑压了5个多月。结果等来了时任中央主要领导在1997年1月29日

中纪委八次全会上的讲话:

> 讲排场、比阔气、挥霍浪费的现象在不少地方、部门、单位盛行起来。这种现象的存在,是更严重的腐败问题得以藏身和蔓延的温床,必须引起大家的高度重视,坚决加以整治……

此时,再刊发"呼吁不能再这样挥霍公款吃喝了"这样的来信,显然有着特殊的意义。

"养"就是"慢",就是"不着急"。上述例子是从等待"时机"上让通讯报道"慢"下来。实际上,还有一种理由,也可以让通讯报道"慢"下来,即慢选角度。如果对于一个好的通讯选题,一时间还没有找到很好的角度,也不能急,等有哪一天"灵光一现"或者出现了新情况,有了新鲜的角度,再去做也不晚。

内容要"磨"

在日常生活和工作中,我们常说某个人动作很慢,会用"磨磨蹭蹭"这个成语。磨磨蹭蹭是一个贬义词,这里所说的"磨"虽然也带有"慢"的含义,但却是褒义的"磨",即反复琢磨,确保精确无误的意思。

相对于消息稿件来说,通讯的篇幅长,记者主观能动性也更高。因此,比之几百字的消息,这样的稿件可斟酌、可打磨的地方会更多,涉及方方面面的内容。要想创优,写出精品稿件,自然得慢慢磨。

《幸福之花在脱贫路上绽放》这篇通讯,因为内容涉及党和国家领导人，需特别谨慎。常规情况下，一篇稿件只要通过三审程序就可以刊发，但该通讯还需经过更加严格的审稿程序。有关部门的审稿意见，要求对相关细节进行再核实斟酌：

一是涉及领导人的情节，此前未公开报道的，这次不再重新提及；二是领导人的讲话以前没报道过的，这次不再引用报道；三是文章不能以领导人慰问为时间节点，侧面贬低此前当地政府的形象。

针对前两点意见，记者专门到资料室查阅了2004年的《丽水日报》和《浙江日报》，确认了相关报道和内容，并对通讯稿件的内容重新进行了校对。

至于第三点意见，记者在写稿时的确缺乏大局意识，更多的是从稿件本身呈现的效果去考虑。这也是许多记者很容易误入的"陷阱"：既然是脱贫的题材，就存在脱贫前后的对比。为了凸显"对比度"，形成强烈的反差，往往会把之前的贫困加以渲染。也因此，无意中贬低了当地政府的形象——读者看了会产生疑问，这么贫困，当地政府早先不关心吗？

实际上，这是一种"顾此失彼"的做法。该选题本身想要抓住的大背景是"脱贫致富奔小康"，报道的目的是要展示在党的领导下，人民群众不断增强的获得感、幸福感。如果过度渲染贫困，反而会削弱主题。

这是大方向上的问题，实际上，《幸福之花在脱贫路上绽放》在许多细节上也进行了反复的打磨。比如习近平慰问主人公的当天，初稿中有这样一段环境描写：

2004年1月7日，灰白的太阳费力地钻出薄雾，把它那毫无热气的光影投射到这个村庄的每一个角落——稀疏的楼房、狭窄的田埂和孟家的屋前。

这是一段承上启下的描写,记者自己后来回忆,画线部分的描写用意,是"承上"的更多:主人公当时康复得还不是很好,强撑着起床迎接这个重要的日子。所以用了"灰白""费力""毫无热气"这几个带有"灰色基调"的形容词。

编审人员阅稿后认为不妥,这段文字应该更注重"启下",即时任浙江省委书记习近平带来的希望。于是最后把这一段改成了一个带有"暖色基调"的句子:

> 2004年1月7日,温暖的阳光投洒到这个村庄稀疏的楼房、狭窄的田埂和孟家的屋前。

可以说,对于创优的通讯来说,初稿写成后,不要急于刊发,一定要留出足够的时间去字斟句酌。有时甚至可能推翻原有写作角度,大规模进行补充采访和改写。

编排要"早"

一般来说,报纸除了具有强时效性的要闻版面外,内版尤其是专副刊版面,都会在白天编排清样,夜班只编排1版和要闻版。

通讯报道,除少数鲜活简短的稿件以及具有宣传特质的综述,需要编发在要闻版外,其他大多在专副刊版刊发。这样的安排,也为创优通讯稿件的提早编排提供了可能。

创优的通讯稿件和版面的编排,最好能提早几天进行,以便有足够的时间去发现并解决问题。"早"编排的目的，是防止匆匆忙忙做版面，慌乱中出差错。

《幸福之花在脱贫路上绽放》一文的编发，前面的流程都是一步步稳扎稳打。到了最后，却栽在了编排上：在编排阶段，由于过于仓促而出了技术性的差错——报纸出版后，最后一行整行溢出版面外不见了。无疑，对于这篇创优通讯来说，这是毁灭性的后果，前功尽弃。

究其原因，就毁在了版面的编排过于仓促上——

《丽水日报》刊发《幸福之花在脱贫路上绽放》一文的"瓯江特刊"，是一个周刊版，每周五刊发一期。该文原定 2020 年 9 月 18 日刊发，稿件提交后，由于涉及党和国家领导人，曾一度有撤稿的可能。为此，我们编排了另一个版面。

9 月 17 日下午临近下班时，最终确定《幸福之花在脱贫路上绽放》可以如期刊发。于是，该稿件只能等到晚上夜班人员上班后再做版。而根据夜班的常规安排，晚上 8 点 30 分之后排版人员和美编才会到位，然后开始陆续编排要闻版。临时增加的《幸福之花在脱贫路上绽放》编排任务，只能见缝插针，趁着要闻版校对审读的间隙进行。

如此断断续续，当晚 11 点左右，夜班领导终于签字清样。然而，采写《幸福之花在脱贫路上绽放》一文的记者，在版面清样后，认为此前删除的几个字需要恢复回去。原来此前，经过反复删改，该通讯的字数仍在 3100 字左右。而新闻奖对通讯参评作品的字数，要求限定在 3000 字以内。

为此，终审领导最后又对通讯进行了逐字逐句删改。在文章的导语部分，有这样一段内容：

66岁的残疾人孟文庭饶有兴致地看着这番景象，思绪万千。

稻田不远处，便是他的家。这幢3层小洋房，是2年前儿子请人盖的，花了60多万元。

终审领导将它缩写成：

66岁的残疾人孟文庭饶有兴致地看着这番景象，思绪万千。

稻田不远处的这幢3层小洋房，是2年前儿子请人盖的，花了60多万元。

记者认为，删除了"便是他的家"这5个字，不能明确告诉读者这幢小洋房是孟文庭的，还是他的儿子的。经终审领导同意后，编辑于是让排版人员，把"便是他的家"这几个字加了回去。大样重新打印后，大家只盯住修改的地方校对，没想到恢复的内容使文章多出了一行，并使得整篇文章最后一行溢出了文本框。致使文章见报后，最后一句话变成了不完整的句子。

通讯写作不可"混文体"

报纸上常见的文字新闻的体裁，主要有消息、通讯、评论。这里的通讯，是一个"大通讯"的概念，其范围涵盖常规通讯、现场新闻、调查性报道、特写等，即除去消息和评论外所有的文字新闻。当然，这并非严谨的学理上的分类，只是个人新闻实践中的粗略认知，为方便讨论通讯写作要避免"混文体"这个问题。

所谓"混文体"写作，指的是记者在新闻稿件的写作过程中，没有弄清各种新闻体裁之间特点和区别，在同一篇稿件里，出现了具有多种新闻体裁风格的内容。如，新记者初写消息，就容易使用描述性的语言，甚至加入主观色彩浓厚的评论性语言。

在具体的新闻实践中，消息写作混入通讯或者评论元素的案例并不多，新记者一般在较短时间内就能纠正过来。但是，通讯写作的"混文体"现象比较普遍，甚至不少从业多年的老记者，笔下也会写出"四不像"的"混文体"通讯。

通讯写作的"混文体"现象，常常是一种"大杂烩"，不是单纯两种文体之间的混合。既同时混杂了消息或评论的风格，又混杂了"大通讯"内部不同风格的文体。2020年9月25日，《丽水日报》就刊发了一篇较

为典型的"混文体"通讯:

畲语说起来，山歌唱起来——

畲家萌娃阿公齐上阵，要让畲语代代传

为进一步弘扬和发展畲族文化，保护和传承畲族语言，丰富少数民族群众的文化生活，近日，遂昌县举办了第一届畲族语言大赛。

畲语是畲族文化最显著的标志。畲族只有语言没有文字，需要一代代人口口相传。

萌娃阿公都来了，第一届畲语大赛真热闹

遂昌县第一届畲语大赛，是丽水市第一次面向全社会的畲语大赛。

比赛分预赛和决赛。预赛吸引了65名选手，他们提交了规定内容的参赛视频——以畲语讲述畲族地域文化民俗风情及民间传说、故事、人物事迹。

这65名选手中，包括2名汉族选手。其中，年纪最大的选手84岁，最小的仅28个月。

决赛分为自我介绍、规定内容表达、才艺展示3个环节。38位参加决赛的选手使出浑身解数，进行激烈角逐。

在规定内容表达一项比赛中，参赛选手要以畲语说出给定

的词语和句子。一些选手精准快速地译读，现场评委和观众给予了热烈掌声。其中，少儿组不少畲娃熟练又带着童趣感的表现，更是惹得台下笑声不断。

决赛现场，舞台上一对母女的表现令全场观众都笑翻了。

"你今天乖吗？"妈妈蓝萍问参赛选手、女儿雷子珊。

"乖的。"28个月的雷子珊奶声奶气地回答。

"昨天呢？"

"不乖。"

"昨天怎么不乖了？"

为了让妈妈和现场观众明白她如何不乖，萌娃一把抓下戴在头上的畲族头饰，逗得现场观众哈哈大笑。

萌娃的声音稚嫩，畲语却清晰标准，而接下来上场的阿公，水平可就不一般了。

"八月桂花开花不结果，杨梅结果不开花……"今年71岁的阿公钟马清来自遂昌县大柘镇柘溪上村，讲了一辈子畲语的他，满肚子的山歌和故事，赢得阵阵掌声。

畲语大赛的才艺展示环节只有想不到，没有做不到。单口相声《看比赛》、畲语改编歌曲《爱拼才会赢》等形式多样的节目令人大开眼界。

会说畲语的人越来越少，
专家称每10年以10%的速度递减

畲族人自称"山哈"，意指住在山里的人。根据2010年的人口普查,全国畲族人口共有70多万人。

在浙江,丽水市是畲族的主要聚居地之一。根据第六次人口普查,丽水畲族人口7万多人,而在遂昌,有1.5万多人。

畲族是一个只有语言、没有文字的少数民族。可以说,畲语是畲族文化的精髓,传承畲语是传承畲族文化的重要一环。

对于此次比赛,遂昌县委统战部相关负责人说:"语言是一个民族的灵魂,也是一个民族的存在证据。但随着社会的发展,畲族群众特别是畲族青少年中,会说畲语的人比例逐年下降,推广畲语成了当务之急。希望通过本次比赛,进一步激发大家学习畲族语言的热情,特别是引导更多的畲娃加入畲族语言传承的队伍中来。"

本次大赛,还特别邀请了国家级普通话水平测试员、浙江省语言学会会员、浙江省语言文字工作者协会理事、浙江省畲族文化研究会副会长雷法全担任主评委,他为本次大赛设计了多套规定内容的决赛题目。

他对记者说,早在10多年前,他就对丽水市畲族人口说畲语的情况进行过调研,发现会说畲语的人越来越少,每10年以10%的速度递减,"很忧心"。

记者在遂昌采访期间,遇到当地多位畲族人,很是担忧自己民族语言的未来。

雷子珊的父亲、今年43岁的畲族汉子雷奇君说:"如今畲汉大多混居,随着普通话的推广和新事物的不断出现,畲语已经不是一种必要的生存和交流技能。""现在的畲娃,很少会说畲语,如果不加以保护,会流利地说畲语的人肯定越来越少。"

此次大赛的评委雷巧梅对记者说，由于畲族青少年入学、走上社会后，说畲语的环境越来越窄，机会越来越少，"不忍看到会说畲语成为记忆，不希望畲语只成为录制在影视资料里的传说"。

教畲语唱山歌，在传承中弘扬畲族文化

保护畲语，迫在眉睫，刻不容缓。

遂昌历届县委、县政府高度重视畲族文化的传承工作，尤其是近年来，坚持以各类活动为载体，举办各类培训班，并在学校开设畲语课堂等，让畲族歌舞登上全县的各大舞台，让畲族服装走向生活，畲族彩带文化走出国门、走向国际，让民族文化放光芒。

蓝丽娟是遂昌县三仁畲族乡中心小学的音乐老师，同时也是该校畲语拓展课程的辅导老师。她介绍说，全校有近200名学生，其中畲族学生48名。这几年，学校根据自身特色，开展了畲语拓展课程。每周五下午，她一节课教畲语，另一节课教畲族山歌。"全校学生都会唱畲族山歌《敬茶歌》《细崽细》。"她自豪地说。

今年9月，畲语拓展课程变身校本课程。蓝丽娟介绍说："刚刚通过教育部门审核，新学期已经着手在全校范围内推广畲语、山歌，还将对学生的掌握程度进行'考级'。"

使用是最好的传承。

在比赛中，雷子珊是本次参赛选手中年龄最小的选手。她

175

的妈妈蓝萍告诉记者:"去年她刚学说话的时候,爷爷就交代,我们畲族人要说畲族话,要唱山歌。传承畲族语言,要从娃娃抓起。"

该县妙高街道东峰村是第三批中国少数民族特色村寨,畲族人口有400多人。汉族人,东峰村党支部副书记、文化员项梅玉参加了此次畲语大赛。

她说,她从小生活在畲族村,长期和畲族人一起生活,早早学会了说畲语。后来嫁到东峰村,经常利用文化礼堂开设畲语培训班。"用畲语和畲族村民交流,彼此感觉亲切自然,畲族村民也把我当作了自己人,这有利于工作开展。"

这次参赛,项梅玉夺得了三等奖。"很开心,希望畲语成为畲汉群众大团结的桥梁,大家一起加油干,一起过上幸福生活。"

遂昌县委统战部副部长、宗教局局长蓝水林说,畲语大赛,今年是第一届举办,今后还会举办。"希望畲族人特别是青少年把畲族语言说起来,畲族服装穿起来,畲族山歌唱起来,畲族舞蹈跳起来,让璀璨的畲族文化得以传承、弘扬和创新。"

这篇通讯阅读下来,从内容篇幅上,基本可以肯定记者最初选题报道的着眼点是"遂昌县第一届畲族语言大赛"。

首先,通讯的标题,无论是引题还是主题,都是概括比赛现场的情况的。"说起来""唱起来""齐上阵"这样的短语,具有很强的现场感。

其次,文章的第一部分,介绍了畲族语言大赛的参赛选手、比赛程序和内容等,同时还细致描写了一对母女选手在参赛现场的对话。

最后，文章的二、三部分，画线的内容都是围绕大赛展开的。其中第二部分画线的内容主要讲述大赛举办的原因和目的，而第三部分画线的内容，则主要叙述大赛对畲族文化的传承。

记者对"遂昌县第一届畲族语言大赛"这个选题的行文思路，大致是这样的：先写大赛情况，再从大赛引出畲族文化传承的问题，再写当前遂昌为传承畲族文化所做的一些努力。

从上述思路可以看出，记者实际上对这一题材定位是不够清晰的：这篇通讯让读者隐约感觉到两个主题，一是遂昌县第一届畲族语言大赛；二是当地畲族文化传承的困境与破题。

而恰恰是对这两个主题的混淆，导致了该通讯的"混文体"现象。具体来说，与这两个主题相适应的新闻体裁是不同的。前者适合用消息和现场新闻的形式，后者则更倾向于用调查性通讯。

也因此，记者在写作《畲语说起来，山歌唱起来——畲家萌娃阿公齐上阵，要让畲语代代传》时，无意识地混进了不同文体的风格和元素：文章引言部分的第一句"为进一步弘扬和发展畲族文化，保护和传承畲族语言，丰富少数民族群众的文化生活，近日，遂昌县举办了第一届畲族语言大赛"，很显然是消息开头的写作手法；文章第一个小标题"萌娃阿公都来了，第一届畲语大赛真热闹"中，"决赛现场，舞台上一对母女的表现令全场观众都笑翻了"以下部分内容，尤其是参赛母女的对话，则是典型的现场新闻的写法；而文章第二、第三两个小标题"会说畲语的人越来越少，专家称每10年以10%的速度递减"和"教畲语唱山歌，在传承中弘扬畲族文化"及其主要内容，又是调查性通讯的写法。其中第二部分属于"提出和分析问题"，第三部分属于"解决问题"。

综上分析，记者在写作通讯稿件时，之所以会写成"混文体"的作

品,主要原因在于对选题的定位和写作的思路不清。就"遂昌县第一届畲族语言大赛"这个选题,我们可以确定两个主题、四种写法:

一个主题是单纯报道畲族语言大赛,分别可以写成比赛的消息稿件和比赛的现场新闻稿件,这一主题的写法相对比较简单。

另一个主题是畲族文化的传承问题。这一主题的第一种写法是调查性通讯,以遂昌县第一届畲族语言大赛为引子,提出畲族文化面临的问题,并叙述现状。接着深入分析出现畲族文化传承困难的原因,最后寻求解决办法。第二种写法,可以由本次大赛的某一参赛家庭或选手切入,以特写的形式和笔调,把文章写软写深,写透一家几代人或某一个人传承畲族文化的故事。同时,把畲族文化传承的相关问题,当作背景内容,化入文章当中。

新闻写作不能夸大其词

当前的新闻报道，不仅仅是报道新闻本身，在某种程度上，更是宣传工作。也就是说，对于一个新闻素材，发现亮点并提炼主题，同时在写作过程中进行适当提升，从而使呈现在读者面前的报道具有一定的高度和导向，这是必要的，也是正常的。

然而，在具体的新闻实践当中，一些新闻报道没有很好地把握住"提升"和"宣传"的"度"，为了追求效果，在写作过程中不自觉地夸大其词。这样的报道，很容易让读者产生怀疑，造成不好的影响。

新闻报道夸大其词，常见的有以下四个方面。

夸大效果

记者为体现相关素材的新闻价值，轻易夸大某一行为或事件的效果。这种夸大其词现象，常常直接出现在文章的标题上，如：

①引题：畲乡职工搭上智慧快车

主题："医疗互助"实现网上报销"零次跑"

（《丽水日报》2019年12月31日2版）

②引题：及时送货到抗"疫"一线、居民社区

主题："饿了么"外卖企业正式复工惠民生

（《丽水日报》2020年2月12日1版）

③引题：一户一策一干部 走村入户大走访

主题：云和4000名干部送"幸福清单"开"脱贫良方"
（初稿）

云和4000名干部结对农户送"帮扶清单"（改稿）

（《丽水日报》2020年7月27日1版）

标题是文章的"眼睛"，通过标题，大略可以知道文章的主要内容。但是，如果标题本身概括不实，提炼不准，读者会觉得"文不对题"，甚至有一种被欺骗的感觉。

上述例子①这篇消息稿，其实报道的是一件很普通的事情，即景宁畲族自治县总工会，通过网络为参保"职工医疗互助保障"的职工报销费用。在"让数据多跑路，让群众少跑腿"已经成为共识的今天，对于地市党报来说，县里一个部门的业务工作，甚至都算不上什么新闻。但是，稿件在引题中却夸大其词，认为仅这项工作就让"畲乡职工搭上智慧快车"。显然，这是不恰当的。

在例②这篇稿件中，新闻事实同样很简单：新冠肺炎疫情期间，一家外卖配送企业复工，为市民提供服务。这原本是一篇事件性新闻，客观报道企业复工当天的情况即可，但记者却在主标题加了"惠民生"这

几个评述性的文字，单从消息标题要求客观性这一点来说，"惠民生"这样带有感情色彩的文字完全可以删除。更关键的是，把一家外卖配送企业复工，提到"惠民生"的高度，显得太过夸张了。

例③这篇消息，原标题使用了"幸福清单"和"脱贫良方"，见报时被删除，改成了"帮扶清单"。从消息的具体内容看，实际上云和县的干部和低收入农户结对帮扶的工作才刚开始，因此这篇消息是"工作启动篇"，而不是"工作成效篇"。但"幸福清单"和"脱贫良方"这样的词语，明显已经提早肯定了工作成效，这也是夸大其词的一种表现。

随意拔高

和夸大某一行为或事件的效果类似，记者在写作稿件时，也常常随意拔高某一做法，以示"高大上"。这样的新闻，很容易给读者留下"轻浮自大"的印象。

2020年6月24日，《丽水日报》3版刊发了《青田"季宅模式"：基层社会治理的鲜活样板》一文。初稿提交时，记者使用的原标题是"青田'季宅模式'：基层社会治理的国家样本"。

为什么稿件刊发时，把标题中的"国家样本"改成了"鲜活样板"？先来看文章的一个片段：

> 为有效破解基层治理顽疾，多年来，季宅乡党委、政府充分发挥民间调解力量优势，对季宅矛盾纠纷调解工作进行深入实践探索，总结出一套具有地方特色的农村矛盾纠纷调解模式，即"季宅模式"。2010年，"季宅模式"在青田得到推广。2018

年3月,"季宅模式"被列入国家级社会管理和公共服务标准化试点。2019年11月,《"季宅模式"调解工作规范》发布实施。

这一段文字已经很清楚地告诉读者,"季宅模式"对全国来说还只是试点工作。"试点",只能说明国家注意到了这个做法,但对其效果还存疑,需要试点以观后效。国家相关部门组织验收后,如果确认效果好并决定向全国推广,这时候才能叫"国家样本"。而实际上,"季宅模式"还未通过验收。"鲜活样板"则不同,没有固定范围,而且早在2010年,"季宅模式"在青田就得到推广,称之为当地的"鲜活样板"并不为过。

再来看一个例子:

18年前,莲都区白云街道后庆社区设立了一家"爱心超市",爱心人士捐款捐物给超市,辖区登记在册的贫困户,凭"爱心卡"隔月到超市领取价值100元的生活用品。

2020年7月24日,《丽水日报》以《18年不间断,爱心"小超市"释放扶贫济困"大能量"》为题进行了报道。在这篇通讯原稿当中,就存在多处夸大效果的内容:

> "爱心超市"的建立,打通了一条方便、快捷的捐助通道,探索出了精准扶贫的新型救助模式,为社区残疾户、重病户及低保户等低收入群众搭建了一座扶助"爱心桥"。

> 忧民之忧、解民之困,"爱心超市"是白云街道后庆社区开启城市扶贫济困新模式的有益探索,是打造城市扶贫济困品牌的"新名片"。

这是从通讯原稿中选出的两个片段，存在的问题类似，即夸大了"爱心超市"的作用，先后将其拔高为"精准扶贫的新型救助模式"和"城市扶贫济困新模式、'新名片'"。实际上，"爱心超市"并不是什么新做法，其效果也非常有限。再者，"新模式""新名片"等，也不是记者轻易可以随意说的，它应该由权威部门认定。

滥用极词

所谓"极词"，即一种表极限的词汇。新闻报道中，最常见的极词是"最"，譬如最好、最高、最优等等。此外，首个、率先、唯一等极词也经常出现。在新闻报道中使用极词，从记者角度来说，是为了更好凸显新闻价值；从采访对象来说，是为了达到更好的宣传效果。这些极词，有些是记者自己臆造的，有些则是采访对象说出来，记者未予核实便写入文章的。

2020年6月22日，《丽水日报》1版刊发了一张新闻图片：一群人正在水稻田里插秧。摄影记者为该图片写了这样的说明：

> 在莲都区碧湖镇魏村村的浙江<u>唯一</u>一个国家水稻分子育种中心试验基地田里，农民正在移栽120多个中稻试验品种。2014年起，这里成为国家级水稻品种审定丽水试验基地。经过几年的发展，如今这里已成为试验时间<u>最长</u>、试验品种<u>最多</u>、审定品种<u>最多</u>、管理质量<u>最好</u>、科研攻关<u>最优</u>的基地。6年来，丽水试验基地共参试杂交水稻品种910个。

在这段不到150字的图片说明里，记者竟然使用了6个极词，其中就有5个"最"。后经夜班编辑了解核实，类似的国家水稻分子育种中心，全国总共有19个试验点，魏村基地的确是浙江省唯一一个。但后面5个"最"，则是记者随意加上去的，并未与国家相关部门进行确认。

因此，该图片说明见报时，删去了"经过几年的发展，如今这里已成为试验时间最长、试验品种最多、审定品种最多、管理质量最好、科研攻关最优的基地"这一整句。

这样的例子还有不少：

④《云和市场化运作让好生态有个"好身价"》（见报标题）

《云和创新探索全省首个生态产品政府采购办法》（原稿标题）

（《丽水日报》2020年5月12日1版）

⑤龙南乡位于龙泉市东南部，与云和、景宁、庆元接壤，地处瓯江源头，与国家级自然保护区凤阳山毗邻。全乡平均海拔800米以上，为华东地区海拔最高的乡，是典型的高山气候地区。

（《丽水日报》2020年5月20日3版

《龙泉龙南：农耕小镇惠民生》原稿）

上述文章中的极词，其实我们只要稍加核实，就能发现是站不住脚的。

例④中，记者在原稿标题中，认定云和县创新探索了全省首个生态产品政府采购办法。然而，当天的《丽水日报》3版刊发的《关于丽水市2019年国民经济和社会发展计划执行情况及2020年国民经济和社会发展计划草案的报告》中，却有这样一句话："探索生态产品市场交易机制，景宁县率先开展生态产品政府采购。"显然，这是自相矛盾的，必须以权威的报告内容为准。因此，在编发稿件时，我们对1版这篇文章进行了修改。

例⑤这篇稿件认定龙泉市龙南乡是"华东地区海拔最高的乡"（见报时删除了这句话），但"浙江新闻"客户端曾报道说，庆元县百山祖镇为江浙海拔最高的乡镇；中国新闻网的报道则说，龙泉市屏南镇是浙江省海拔最高的建制镇。可见使用"最高"这样的极词，是媒体普遍的现象。

新闻报道滥用极词，有时候不只是夸大其词这么简单，如果涉及某一产品时，还可能会惹上官司。相关广告法规里已经明确规定不能使用"最""第一"等词语，否则就是违法。

盲目宣传

如前文所述，新闻报道从某种意义上说就是宣传。而为了达到更好的宣传效果，记者往往会把素材中的亮点抓取出来，经过提炼加工后呈现给读者。抓取和提炼新闻素材亮点的能力，本身是一名合格的记者所应当具备的基本素质。

然而，在采访过程当中，我们经常会碰到非常善于为自己做广告的采访对象,他们借机宣传自己、推销产品。此外,一些采访对象还会说出一些"假大空"和"口号式"的话。因此,记者在写作过程中要具备甄别和把控的能力,不能轻易成为他们的"传声筒",为他们盲目宣传。

2020年7月17日,《丽水日报》3版刊发了一篇题为《种粮大户厉定伟:稻田成了他的"聚宝盆"》的通讯文章,以下文字为原稿片段:

每年至少种8个品种,无论是从产量还是品质,人们都不得不承认,在流转的土地上,厉定伟种出了"金子":稻田亩产可达750公斤左右,除去其中的450公斤被国家收购外,其他的大多都被米商争相收购。⑥<u>一些散户慕名而来,发现没有现米可卖,"霸道"地兜空厉家的米缸。</u>

他看在眼里,乐在心里。

⑦<u>"我种的大米,每一粒都是无公害。"</u>这是他的底气,更是他的底线。

他种出的米,有什么特别?

⑧<u>连淘米水都稠得像米汤!</u>

在厉定伟心中,种田是一件特别光荣的事。他给了一组数据:600亩稻田总产量约40万公斤,按人均每年250公斤的需求计算,他的粮食产量是16万人一整年的口粮。

⑨<u>"粮食是给人民吃的。"</u>所以,他一刻也没让自己闲下来。

不久前,他又开垦了20亩抛荒地。

这篇通讯的主要内容写的是，农民厉定伟秉承绿色农业的理念，种出的稻谷深受消费者的喜爱，他也因此成了年入百万元的种粮大户。这样的题材，在文章中自然会写到"产品"的质量。但是，这也不能过于夸张。

上述引文中，⑥这句话显然有些夸张的成分。即便是散户，去买米之前不会先联系确定是否有米？编辑经过了解后得知，实际上"一些散户"并不是一般意义上的客户，而是厉定伟的一个熟人。熟人拜访，直接从厉定伟的米缸兜米，也就合乎常理了。

而⑦这句话，记者直接引用厉定伟的话显然是不妥当的。因为"无公害产品"必须由相关部门来认定，而且有一套严格的认定程序，绝对不是采访对象自己说了算的。

句子⑧则更像一句广告词，在这里，记者用了叙述加肯定的语气，而且还在文末加了感叹号，明显带有记者个人的感情色彩。实际上，这样的语句也不是不可以写到文章中，但要借用消费者的口说出来。譬如：

"连淘米水都稠得像米汤！"一个常在厉定伟家买米的市民说。

句子⑨存在的问题，则与⑥⑦⑧不同，属于"假大空"和"口号式"现象。厉定伟种粮食，难道是因为人民要吃，他就去种吗？他种粮食的目的仅仅是为人民服务？实际上，"粮食种给人民吃的"与"他一刻也没让自己闲下来"之间没有任何的逻辑关系。写作这样的语句，记者的初衷也许是想烘托出种粮大户高大的形象，但这种盲目宣传的实际效果往往适得其反。

　　因此，我们在编辑《种粮大户厉定伟：稻田成了他的"聚宝盆"》一文的过程中，对上述问题进行了相应的处理。

细节"过度真实"的危害

真实性是新闻的灵魂和生命。可以说，新闻真实是每一位新闻工作者必须遵守的基本原则。新闻真实性原则，要求每一篇稿件的每一个细节都经得起推敲和核查。

但强调新闻真实性，并不等于不加分析，不予取舍地有闻必录。记者、编辑不是法庭的书记员，绝不能采访对象说什么就写什么、作者来稿写什么就发什么。否则，这就是对新闻真实性的曲解。

一方面，新闻真实性并不是要求绝对真实，新闻的真实性是有限度的；另一方面，正确把握新闻的真实性，必须对新闻的事实进行科学的分析选择，并在此基础上保证正确的舆论导向。

记者、编辑能否恰到好处地把握新闻的真实性，既是材料取舍的能力问题，也是舆论把关的水平问题。在新闻采编过程中，一些细节"过度真实"，无论对文章本身还是对舆论导向，都是有害无益的。

违反法律法规

不能违反法律法规，这是每一个成年人都应该知道的常识。作为媒体的记者、编辑，自身都能严格遵纪守法，但是在采写稿件的过程中，往往容易忽略采访对象曾经的违法违规行为，进而在稿件中有意无意地描述了这些行为。

这些违法违规行为，大多具有两个共同的特征，即轻微性和普遍性；在许多法制观念不强的人看来，这些行为"见惯不怪"，一些作者也因此常常把这样的细节写入稿件当中，其理由甚至冠冕堂皇，"这是事实，写进去有利于突出文章主题或者主人公某一方面的品质"。

以下是2020年底刊发在某国家级文学期刊上的一篇人物通讯的片段：

> 每次修车，徐海成为了省钱，只是将就了事。车况不佳，又严重超载，因而更是导致故障频发。
>
> 他没有机动车驾驶证，先是雇用司机，后来因为费用太高，辞退了。随后花费4800元，托人在外省买了一个驾驶证。
>
> ⋯⋯⋯⋯⋯
>
> 徐海成立即降低车速，缓慢前行。
>
> 他一边开车，一边拿出手机，打电话联系修车师傅。
>
> 由于注意力分散，汽车突然驶向路边的深沟。
>
> 虽然车速低，但因为严重超载，车身强大的惯性导致刹车系统未能起到应有的制动作用，所以连人带车扎进水沟⋯⋯

在这短短200多字里，充斥着一连串违反交通法规的细节：严重超载、无证驾驶、非法购买驾驶证、开车打电话的危险驾驶行为。虽然这些行为发生的时间是在2005年，也许在当时有些情节还不属于违法。但这是一篇宣传脱贫攻坚这一主旋律的纪实人物通讯，刊发时是2020年。作者细致描写这些细节，主观上是突出主人公徐海成过去的"不容易"，然而客观上却给读者造成了很不好的影响：过去的违法违规行为，对现在的"成功人士"来说不是耻辱，甚至是值得炫耀的事情。

虽然说这篇人物通讯不是刊发在报纸上的新闻报道，但期刊同样也要求讲导向、讲社会效益，这样"过度真实"的细节，其危害是显而易见的。

类似的问题，在我们一些记者的稿件中也不同程度存在。比如在一篇写因为见义勇为获评"道德模范"的人物通讯中，为突出主人公过去的生活有多不容易，记者详细叙述了家中4个孩子的情况。实际上，这一细节明显是违反当时的相关法规的。再比如，另一篇报道某县级领导的文章中，初稿里提到该领导因为处理群访事件，下半夜才开车回家，差点出了交通事故。显然这是疲劳驾驶，违反交通法规。这一细节如刊发出去，读者会认为该领导没有法律意识和交通安全意识。

除了记者采写稿件时要注意避免违反法律法规的细节外，编辑在编稿过程中也要"火眼金睛"，随时揪出新闻稿甚至文学稿件当中的类似细节。如2020年12月28日，《丽水日报》4版"瓯帆"副刊刊发的散文《阿海》原文中，有这样两个细节：

> 眼前的阿海，比过去瘦了，颧骨突出，长方脸棱角更加分明，发际线后退了一圈，脑门看上去光溜溜的，鼻梁上架着的眼镜片，似乎又厚了一层，透出中年的沧桑，看起来，炒股生涯也累。
>
> 他说："钱是个混蛋，没了再赚。"

风轻云淡。

我问："住哪里?"

他说：① "北街，亲戚的廉租房。"

他的工作地点在职技校。乍一看，穿上保安服的阿海，模样还挺帅。②一顶POLICE的帽子，遮住了节节攀升的发际线，显得比实际年龄要年轻；戴上四件套，佩挂了胸牌，有了站着爱校园的资格。

这不是一篇虚构的小说，而是一篇写实的散文，文中写的是真人真事真地点，且清楚交代了主人公的工作单位是职校（遂昌职业中等专业学校）。细节①和②显然都违反了相关的法律法规——廉租房只能是由符合条件的本人和家人居住，不能转租给他人；学校的保安，不能戴警察的帽子。

我们绝对相信上述细节是真实的，但在编稿时必须进行模糊处理：将"廉租房"改成"房子"，删除"POLICE"。

有悖公序良俗

公序，指公共秩序，是指国家社会的存在及其发展所必需的一般秩序；良俗，指善良风俗，是指国家社会的存在及其发展所必需的一般道德。

在日常生活当中，我们每个人的言行举止除了要遵纪守法之外，还应当遵守公共秩序，符合善良风俗，不得违反国家的公共秩序和社会的一般道德。然而，在新闻采编过程中，记者、编辑往往容易忽略在这方面的把关，让一些有悖公序良俗的细节出现。

比如"死者为大，入土为安"，无论是过去还是现在，都是普遍认同的一种风俗理念。在现实当中，普通人对尸骨"敬而远之"，但对于医学专业的师生来说，尸骨却是不可缺少的教具。但这些教学使用的尸骨，必须来自正规合法的渠道。

2018年9月10日，《丽水日报》6版刊发的通讯稿件《褚雪兰：无怨无悔 一辈子甘为人梯》一文的原稿中，记者有这样一段描写：

> "要想提升教学效果，医学很重要的一个方面就是做实验，做解剖，但是当时的实验室根本就是什么都没有。"为了给学生们更有效的教学效果，褚老师带领其他老师去"捡尸骨"，几个老师一起用高浓度的福尔马林消毒，还要定期观察腐烂程度，这是项谁也不乐意干的事情，但是只因为工作需要必须得干。有次，她的丈夫帮忙捡回来个人头骨放床底没有事先告诉她，她自己还被吓得不轻。慢慢地，老师们制作了越来越多的标本，实验室各项设备逐渐完善起来。

该通讯稿件的主人公褚雪兰，是原丽水卫校的老师。20世纪70年代初，成立不久的丽水卫校办学条件还很差，"捡尸骨"是事实。但这样的细节在报纸上刊发出去，很显然会让读者产生不适感甚至质疑：到哪里捡尸骨？如果是荒弃的坟墓，这是对死者的不尊重；如果是露天的尸骨，又是谁随意丢弃的？

基于上述这一"过度真实"的细节有悖公序良俗，编辑对原稿进行了处理，见报后的内容为：

> "卫校要提升教学效果，做实验、做解剖很重要，但我们连实验室都没有。"为了达到更有效的教学效果，褚雪兰带着其他老师一起联系医用尸骨，并用高浓度的福尔马林消毒，定期观察腐烂程度。就这样，她和老师们制作了越来越多的标本，实验室各项设备逐渐完善。

公序良俗，有些是尽人皆知的，如前面提到的"尊重死者"；而有一些则是新风尚，需要大力提倡。比如，人类要与自然和谐共处，对待其他动物要友好。

2020年6月4日，《丽水日报》推出了"爱鸟护鸟 和谐共生"主题的策划。该策划整整用了3个版面，讲述了3个丽水人与鸟儿的故事。其中有一个故事，是讲松阳县裕溪乡霭溪村袁家祖孙四代30年守护猫头鹰的。原稿中有一个细节这样描述：

> 袁林伟一家人一直默默守护着猫头鹰，他们很懂猫头鹰，而猫头鹰对他们，似乎也有着一种无言的"懂得"。"以我们的经验，拍摄鸟类的照片必须蹑手蹑脚、小心翼翼。但是在袁林伟家拍照时我发现，他们一家人和猫头鹰们在一起时，该说话时说话，也不会刻意压低嗓门，是很自然的共处状态。"裕溪乡干部李伟忠说，<u>他去拍照那天，两只大猫头鹰和两只雏鹰已经飞走，只剩最后一只小猫头鹰站在屋外的毛竹上。"我原计划拍一张猫头鹰展翅飞翔的照片，于是让袁林伟轻轻摇一摇毛竹，</u>

但试了几次，小猫头鹰完全不为所动，就像在和袁林伟玩耍一样。"

画线部分，的确是采访对象亲口所说的。细细品味这段文字，可以猜出记者"如实"写出来，大概是想体现"人与鸟和谐共处"这一大主题——袁林伟以及家人和猫头鹰已经成了很熟悉的朋友。

但这样的细节，显然是与"爱鸟护鸟 和谐共生"这个主题相悖了：为了让乡干部拍到一张满意的照片，居然去"驱赶"小猫头鹰！为此，文章见报时，删除了画线部分。

造成负面影响

新时期的新闻报道以正面宣传为主，尤其是地市党报，"弘扬主旋律、传播正能量"既是每一篇报道的目的，也是标尺。如果一篇正面报道，因为某些细节最终可能导致负面的效果和影响，那么这样的细节，就应该果断删改。

在新闻采编过程中，这样的细节并不鲜见——

③记者体验"城中村改造征收补偿计算器"后发现，有关被征收户房屋情况，包括合法占地面积、合法建筑面积、成新后重置价、评估货币价、违章建筑面积，这些数字根据被征收户的实际情况输入。在输入相应的数据后，页面上就可以马上显示拆赔基本情况，包括房租、搬迁费、装修补偿、附属物、生产用房补偿、违章建筑自行拆除误工补助等，得到确切的单

项补偿金额和补偿总金额，还能显示计算过程。

（《丽水日报》2018年10月28日1版

《征收干部开发"神器"征出加速度》原稿）

既然是违章建筑，说明这是不合法的。不合法的建筑，业主本来就应该自行拆除，如今居然还有误工补助？这个细节存在两个问题：一是职能部门存在失职嫌疑，违章建筑事先居然没有处理；二是违章了不仅不处罚，业主拆除时还可以获得误工补助，这会导致其他拆迁户效仿。

房屋征收是一项千头万绪且难度相当大的工作，征迁部门为了有利于工作的顺利推进，"违章建筑自行拆除误工补助费"也许是存在的，但这种细节登报会造成负面影响。因此，稿件刊发时必须删除这一细节。

④为保证跑山鸡品质，王福海坚持所有鸡都必须饲养一年以上才进行销售。他还利用当地溪流等自然环境，养殖了100余只的鸭和鹅，随着养殖规模越来越大，王福海目前成了村中返乡创业带头人。

"王福海这个'鸡司令'给大家带了个好头，现在村里低收入农户都向他请教如何养殖，他给村民致富做出了很好的示范。"村党支部书记王茂华称赞道。

（《丽水日报》2020年6月17日3版

《船寮镇大路村有个"鸡司令"》原稿）

从文章标题以及村党支部书记王茂华的"称赞"不难看出，这篇新闻是把王福海当作农村致富带头人来宣传的。然而，画线部分的这一个细节，实属"添乱"。浙江自从在全省实施"五水共治"以来，严禁在自然水域里养鸭养鹅以防止水源污染。既然是备受推崇的农村致富带头人，岂能带头污染水源？因此，画线部分的细节不宜见报。

⑤为方便职工生活，1980年药厂购买了一辆 39座的大客车，每天两次来回云和县城接送职工上下班或者采购物品。1988年成立劳动服务公司，开办了银行储蓄业务。在那个时代，药厂良好的工作、生活秩序，都与外界社会环境形成鲜明的对比。丽水地区许多领导干部都喜欢把自己的子女送到药厂工作，他们感到安全、放心，又是工人阶级中一员，很光荣。许多年轻人择业时，都愿意到药厂当工人，而不愿意去机关事业单位工作，觉得药厂地位高、待遇好、有厂车、电影院，年轻人多，业余生活丰富，充满生机。

（《丽水日报》2020年12月7日3版
《浙南制药厂的前世今生》原稿）

《浙南制药厂的前世今生》是一篇带有回忆性质的通讯稿件，因为写稿的记者曾是当年浙南制药厂的工人。作为亲历者以及采访者，因此可以保证文章所有的细节内容都是真实无疑的。画线部分细节的这种现象，的确在20世纪80年代存在过。然而，即便30多年时间过去，这样的内容在党报上刊发，仍然有损党员干部的形象，必须删除。

从上述3个例子中不难看出，它们存在共同的特点：一是细节都是真实的；二是见报会产生负面影响；三是删除对文章的影响不大。因此，在新闻采编过程中，这样的细节一个都不能放过。

削弱文章主题

每一篇新闻稿件都有一个既定的主题,所有的素材和细节,都应当围绕主题展开。和主题无关的内容或者不利于主题的细节,都不应该写入文中,否则会削弱主题、影响宣传效果。

然而,在具体的新闻实践当中,一些记者和编辑因为过于强调细节的作用,而疏忽了对其削弱文章主题的思考和把握。如2020年4月12日《丽水日报》1版刊发的通讯《武汉战"疫"57天》,原稿中有这样一个细节:

> 武汉市中心医院医生饶欢是陈玉峰的高中同学,两人平日鲜有联系,却因为这次疫情,双方的联系再一次频繁起来。"<u>开始他一直劝我千万不能来武汉</u>,后来知道我已经在路上了,就告诉我千万不能小觑这次疫情。"陈玉峰说。

《武汉战"疫"57天》是一篇有关部门要求特别宣传的任务稿,主人公陈玉峰是丽水市人民医院的湖北籍护士,曾是2020年春浙江省第一批援鄂医疗队队员。特殊的经历,加上特殊的身份,陈玉峰成了媒体宣传的抗击新冠肺炎疫情的先进典型。

实际上,陈玉峰代表的不是个人,而是奋战在抗疫一线的"白衣天使",甚至是全国的医务人员这一群体。在这样的背景下,文章中出现了"武汉市中心医院医生饶欢劝阻陈玉峰去武汉抗疫"这样的细节,往小的看,是对另一位医生(饶欢)的贬低;往大处想,则有损整个医务人员群体的形象。

写这篇报道的初衷或者说文章的主题，是要讴歌医务人员伟大的战"疫"精神，而这一细节的存在，明显削弱了主题。刊发时，编辑对上述细节进行了处理：

> 武汉市中心医院医生饶欢是陈玉峰的高中同学，两人平日鲜有联系，却因为这次疫情，双方的联系再一次频繁起来。"他知道我前往武汉，就告诉我千万不能小觑这次疫情。"陈玉峰说。

上述细节经过删改后，表达的效果就完全不一样了："他知道我前往武汉，就告诉我千万不能小觑这次疫情"体现出的既有一个医务人员的谨慎精神，又不乏对老同学的关心。

再来看2020年6月5日《丽水日报》3版文章《"'没用上'的善款一定要捐出去！"》这篇报道原稿中的一个细节：

> 儿子病逝后，季明善和季子娥一如既往地打工，于前年还清所有债务后开始攒钱。今年春天，攒到了18000多元后，季子娥开始行动了。
>
> 筹集善款难，想不到还钱更难。
>
> …………
>
> 由于找不到人，工作人员建议她把钱带回去。她说什么也不肯，恳求工作人员替她把钱捐给有需要的困难群众。拗不过，工作人员告诉她，钱可以捐给红十字会。

要到地址和工作人员手机号码，季子娥直奔龙泉市红十字会。

当时已经是中午12时多，工作人员已经下班。她在电话里恳求工作人员加个班，一定要把当天上午从银行取出的5200元钱捐出去，"不然就会花掉"。

《"'没用上'的善款一定要捐出去！"》这篇报道，讲述了来自龙泉山区的季明善和季子娥夫妇，在儿子去世后，把"没用上"的善款捐出去的故事。记者写这篇报道的目的，是赞扬和弘扬他们的善良与诚信。

可是，上述细节中"不然就会花掉"这句话，却是一个极大的败笔。记者行文至此，还用了双引号来明示这句话是季子娥的原话，如假包换的"真话"。但是读者却很容易从这句话中读出其他的意思：主人公意志不坚定，还款的决心不够大！无形中削弱了文章的主题。因此，我们删除了"不然就会花掉"这句话。

类似"画蛇添足"的细节也存在于《丽水日报》2021年1月6日1版头条稿件《景宁九龙乡打造乡村养老示范标杆》原稿中：

对于这座隐居深山的颐养中心，有些人不看好，但九龙乡党委书记柳贤岳却信心满满："九龙乡综合颐养中心的建成，将有效打通政策扶贫、乡村旅游、颐养产业的资源配置……"

这是全文的最后一段。文章的标题已经把"颐养中心"定性为"乡村养老示范标杆"，且前文没有提到有人对该中心有什么异议，在结尾突然冒出"有些人不看好"这么一个细节，给读者的感觉是"似乎另有隐情"。因此，最简单的办法就是把画线部分删除。

新闻采写的"点"与"面"

在新闻采写过程中，我们要处理好一对特殊的关系，即"点"与"面"的关系。两者之间，并不是简单的"面是由无数个点组成的"。从不同的角度看，"点"和"面"的内容是有区别的。

从"面"到"点"，新闻才能"落地"

实践当中，我们拿到的题材，并不一定都是具体的事件性的新闻选题。很多时候，比如社会现象、热点话题以及某一个特定的主题，都是我们关注报道的对象。此时，我们的采写策略就是"大背景，小切口"。

这里的"大背景"和"小切口"，就是一种"面"与"点"的关系，即相关选题是"面"上的东西，采写稿件时不能泛泛而谈，而是必须选择一个具体的切入点，以小见大，让"面"上的内容成为具体的"点"上的内容。

党的十八大以来，为了兑现"全面建成小康社会，不让一个人掉队"以及"到2020年现行标准下的农村贫困人口全部脱贫"的承诺，在党中央、国务院的高度重视下，各地瞄准贫困人口，实施精准扶贫精准脱贫方略。

因此,"脱贫攻坚"是2020年各级媒体新闻宣传的一个重大主题。但是,脱贫攻坚也是一个"面"上的选题。如何做好这一重大主题的新闻报道,这就涉及如何寻找切入点的问题。

国家级媒体,或许可以从"面"上去采写党的十八大以来,全国实施精准扶贫精准脱贫方略的整体情况。但是这样的新闻稿件,除了让读者获得简单的几个数据信息之外,并不能让人留下深刻的印象。尤其对于地市级媒体来说,这一给人"高大上"感觉的新闻选题,必须找到一个具体的、细小的切入点,才能让这一新闻选题落地。

事实上,各地实施精准扶贫精准脱贫方略的背后,是无数扶贫干部几年来艰辛的付出。2020年12月18日,《丽水日报》就推出了3个整版的"脱贫攻坚"这一主题的策划报道。这一主题策划,选取了省政协机关下派驻村第一书记楼海勇、莲都区农业农村局扶贫开发科负责人杨国平以及带领全体村民脱贫致富的村党委书记何伟峰这样3个不同类型的扶贫干部作为采访对象,以人物通讯的形式呈现出"脱贫攻坚"这一大主题。

这样的新闻报道,切入点小,有细节,有故事,不仅读来让人感动于扶贫干部的无私奉献与辛勤工作,同时也让人对党和政府从内心深处油然而生感激、感恩和感谢之情。

从"面"到"点",让新闻落地,我们也要注意另一个问题:从"面"到"点",不是简单的缩"面"为"点"。换种说法,就是这个"点"的选取要科学,要能真正代表"面"。2021年1月22日,《丽水日报》策划推出了"浙'丽'过年"的主题报道,该策划就存在机械地缩"面"为"点"的问题。

2021年1月,随着新春佳节即将来临,回家过年成了国人最关心的事。然而我国一些地区出现了少数新冠肺炎病例和局部聚集性疫情,令疫情防控形势变得严峻。尽可能减少人员流动,是有效遏制疫情传播的"法宝"之一。为确保人民群众生命安全和身体健康,丽水市第一时间出台了《丽水市新冠肺炎疫情防控指挥部鼓励企业留员工稳生产惠企政策包的意见》,鼓励和支持各规模以上工业企业留工过年、稳增促投。

在这样的背景下,我们策划了3个整版的"浙'丽'过年"主题报道,分"政府篇""企业篇""员工篇",从政府、企业、员工3个角度切入采写,旨在宣传政策,引导员工。但是在从"面"到"点"的过程中,对"点"的选取,却出现了偏差:

一是"政府篇"本该采写丽水市下辖的9县(市、区)以及丽水经济技术开发区总共10地的有关政策,但策划最后只选取了开发区一地采写;二是丽水经济技术开发区有上百家企业,"企业篇"中仅仅选取了其中两家企业进行采访;三是"员工篇"又选取了"企业篇"中的一家企业3位员工进行采写。整个策划,最终变成了对丽水经济技术开发区两家企业,尤其是其中一家叫"维克托电力设备有限公司"的宣传。

上述策划,正确处理"面"和"点"的方式,应该在"政府篇"里,把丽水市下属10地政府出台的留企业员工在丽过年的相关政策采访到手;而在"企业篇"中,至少选取三四家属于不同县(市、区)的企业进行采访;至于"员工篇",更应该从不同县(市、区)里不同企业当中去选取,这样呈现出来的报道,其"点"才能更好地体现或者说代表"面"。

从"点"到"面",新闻才有"厚度"

从"面"到"点",是因为新闻采写不能"泛泛而谈",而从"点"

到"面",则是因为新闻采写不能"就事论事"。也就是说,我们在拿到一个新闻选题时,不能只着眼于新闻事件本身,而要挖掘出背后蕴含的普遍意义,或者上升到更高一个层次来看待问题。

在新闻实践中,我们常常会碰到一些看似普通的新闻选题,如果采写时"就事论事",这些选题仅仅只是一则社会新闻,但是通过挖掘和提炼,扩"点"到"面",这些选题就是非常有"厚度"的好新闻。

2018 年 8 月 30 日,《丽水日报》1 版头条刊发了一篇题为《缙云仙都建 26 个项目不砍一棵树》的消息稿。这篇 900 字的消息稿,后来获得了年度浙江新闻奖一等奖。实际上,该消息主要的新闻事实本身并不"新鲜"——建设工程为树木让路。

在百度上搜索后,可以发现全国各地都有类似的做法以及新闻报道,比如《武汉城市建设频现道路为树木"让路",新华路 425 棵大树被保留成为"路中树"》《生态优先 厦门城市建设为绿树"圈地让路"》《水利绿化专家共商护树对策 扬州重点工程为树"让路"》《新疆吐托公路工程为 3000 多棵大树让路》……

既然建设工程为树木让路早已是"旧闻"了,为何《缙云仙都建 26 个项目不砍一棵树》这篇消息还能在浙江新闻奖评选中摘取桂冠?仔细分析该作品,不难发现它与类似作品最大的区别就在于扩"点"到"面",将简单的新闻事实提升到了具有普遍意义的层面。

在写作消息时,记者没有"就事论事"简单地罗列缙云仙都土建项目是如何保护树木的,而是在消息导语部分即开门见山点出了"仙都将最严格的生态保护理念融入'创 5A'工程"这一"题眼",这也是该消息亮点和价值所在。在后文的写作中,记者紧紧围绕这句话多角度组织素材进行阐述。

驾驭细节
新闻内容如何把关?

上述案例,是直接通过新闻稿件扩"点"到"面"的。在新闻实践当中,一些题材很难通过稿件本身进行提升时,则可以通过评论来达到扩"点"到"面"的目的。

2021年1月29日,《丽水日报》3版刊发了一篇题为《这个冬天,与爱同行》的通讯。这篇稿件的新闻事实,非常简单:1月26日晚,莲都区碧湖中学全校班主任当"配菜工",校长亲自"掌勺",为学校106名留守儿童烧了一顿特殊的"年夜饭"。

单就这一新闻事实来看,其实是一件小事,小到根本不值得市级媒体去关注报道:一是这顿"年夜饭"事实上非常简单,只是比平时的学生餐多了一个荤菜、一盒酸奶和少量的水果;二是因为疫情防控的要求,学生们并不能围桌而坐,仍然需单人隔桌而坐,各自吃餐盘里的饭菜,与平时用餐并无多大区别。因此,这样的"年夜饭",并无实质性的内容,甚至在一些人看来,只是一个"噱头"。

但我们的记者和编辑得到线索后精心策划,将这一普通的新闻选题,从"点"上升到"面",采编出了一个精彩的版面——

岁末年初,新冠肺炎疫情防控形势变得严峻。为确保人民群众生命安全和身体健康,全国各地纷纷出台相关政策,鼓励大家留在当地过年。

碧湖中学是一所乡村寄宿制学校,许多学生的父母常年在外打工。响应政府号召,为疫情防控尽一份自己的力量,这些父母决定这个春节留在当地不回家。这就意味着这些留守儿童,无法与父母一起吃"年夜饭"。在这样的背景下,学校领导和老师们,为这些学生烧一顿"年夜饭",就不是普通的社会新闻了。

我们从这一新闻事实当中看到的是:学生家长为了疫情防控的需要,牺牲了回家与孩子过年团圆的机会,而学校的行为则是对这些家长的肯定和支持。由此，从中可以提炼升华出一个更大的主题，即"那些响应号召留在工作地过年的人，老家的党委、政府、村社、学校等如何去关爱他们年幼的子女甚至年迈的父母"。

因此，在刊发《这个冬天，与爱同行》一文的同时，我们在版面上配发了评论《让留守儿童过个"暖心年"》，一是肯定留守学生的父母为防疫做出的贡献；二是肯定碧湖中学率先想到了去关心关爱这些"盼了一年最后仍无法与父母团聚的学生"，具有示范引领作用；三是向全社会发出倡导，力所能及地为那些父母留在外地的家庭做一些事情。

事实证明，这一题材从"点"到"面"的提升是成功的——我们的报道很快得到了有关部门的积极回应：

景宁畲族自治县鹤溪街道各村社迅速成立43支"迎春送暖"志愿服务队伍，照顾留守老家的老人和儿童。2月3日，《丽水日报》以《"有我们在，你们放心在外过年！"》为题进行了报道。当天，丽水市委组织部发布了进一步发挥组织作用关爱春节疫情期间留丽和留守人员的8项举措。

直到2021年2月5日，新华社才发出通稿《父母就地过年 老家的孩子能得到妥善照料吗?》。对此问题的关注，我们比新华社整整早了一个星期。

新闻采写的"加"与"减"

新闻采访与写作，是一门实践性非常强的学科。记者从书本里学到的许多理论知识，实践当中却不一定实用。相反地，长期的新闻采访和写作实践过程中，记者如果勤于思考、善于总结，由此而得出的一些经验，却是最为有效的"法宝"。

比如，新闻采写要遵循"多采少写"原则，就是一条值得年轻记者好好琢磨的经验。下面，我们把这一原则拆分为"多采"和"少写"两部分进行解析。

采访做"加法"

所谓"多采"，指新闻采访要做"加法"，尽可能采访到更多的素材。新闻写作不是文学创作，不能凭空创造。"巧妇难为无米之炊"，再厉害的记者，如果没有采访到一定量的素材，是写不出好稿件的。

事实上，越是有经验的记者，越懂得"磨刀不误砍柴工"的道理——"多采"是为了写作阶段更加得心应手。采访的时候，必须力所能及地去了解、采访更多的材料。当然，采访做"加法"，不是盲目地

"多采",主要是在采访的"点"和"面"上下功夫。

一是"点"要深。

某个新闻选题之所以值得去报道,是因为它有新闻价值。新闻价值,用通俗的话来说,就是"新闻点"。当我们决定采写某一个新闻选题时,说明已经确定了它的"新闻点"。接下来要做的事情,就是围绕这个"新闻点",如何获取更多理想的素材。

年轻的记者时常被谆谆教诲:采访一定要深入。这里的"深入",除了要深入基层一线,还有一层意思是要围绕"新闻点"深入采访,即"点"要深,用钉钉子的精神,咬住目标不放,一锤一锤、一点一点地"采"到我们所需的素材。

2015年12月18日,《丽水日报》刊发了一篇题为《孤儿与父债》的特写。文章讲述的是这样一个故事:在云和县中等职业技术学校,有一位叫叶石云的学生。11岁那年,他的父母在49天内先后因病去世。父亲生前治病欠下20多笔债务共计3万元,没有一个人上门讨债,他却主动找到债主"认债",靠拾荒和节假日打工,用了6年时间还清所有的债务。

在建设诚信中国的当下,这一题材的新闻价值不言而喻。很显然,这一题材需要深入采访的是,主人公叶石云6年来是如何挣钱还债的。

围绕这个"点",记者曾两次赶赴当地,除了叶石云本人,还采访了他曾就读的小学、初中的班主任,职高的班主任、团委书记、同学;他所在村的村干部、邻居;他的亲戚以及几乎所有的"债主"。所有的采访对象加起来,总共有20多位。

在采访过程中,记者的问题几乎都大同小异,即围绕"叶石云如何挣钱还债"展开——就像面试的主考官,用同样的考题在不停地询问不同的考生。而越到后面，采访对象提供的有效信息越少——有很大一部分内容是重复之前采访对象所说的。

这看似在"重复劳动"，实际上，如此紧紧咬住一个"点"不放，往往能收到意外的效果：

首先是相互纠正或印证，坐实每一个细节。一篇好的新闻，首先要求细节准确无误。有些时候，由于时间久远或者其他原因，采访对象的回忆不一定特别准确。多个采访对象围绕同一个问题的回答，往往能让记者发现问题，纠正某些错误，印证正确的内容。

其次是相互启发和补充，提供更多的素材。新闻报道尤其是人物特写，其实就是通过举例子来讲故事。而故事是否讲得精彩，很大程度决定于采访到的例子是不是精彩。采访一个人也许只能得到一个例子，采访十个人不一定会收获十个例子，但一定会超过一个。如此，我们在写作时，就有了选择更精彩的例子的余地。

这正是新闻采访"点"要深的意义所在。上述新闻选题，记者只采访主人公叶石云一人，也能获得"如何挣钱还债"的基本素材。但就此动笔写作，只能写出一篇普通的人物通讯。然而，由于采访深入，《孤儿与父债》一文刊发后在全国引起巨大反响，《中国青年报》"冰点周刊"将该文修改为《一个少年扛起的重量》整版刊发，《青年文摘》《意林》等期刊转载，新华社、央视等纷纷跟进报道。2015年度的新闻奖评选时，该文还获得了浙江新闻奖一等奖。

二是"面"要广。

要写好一个新闻选题，除了前文所说的"点"要深外，还要做到"面"要广。这里所说的"面"，指的是采访面。采访时，我们要尽可能扩大采访面，从不同的角度切入，采访不同的人。

2020年6月19日，《丽水日报》4版刊发了人物通讯《"竹韵博物馆"里的"新老师"》：位于大山深处的莲都区囿山小学峰源校区，居然聘请只上过一年初中的保安当特色课程——竹韵文化的教师。

记者报题时，大家都觉得这是一个既有可读性，又有新闻性的题材：一个连初中都没有毕业的保安，如何去给小学生们当老师？特殊的身份必然引起读者的关注，该选题的可读性不言而喻；至于选题的新闻性，则体现在囿山小学"不拘一格降人才"，大胆使用保安当教师这一点上。

这样一个既有新闻性又有可读性的新闻选题，理论上应该可以写成一篇很不错的通讯稿件。然而，记者采访回来后反馈，该题材的内容不够丰富，稿子不好写。虽然最终呈现出的稿件仍有2700多字，但却给人一种较为空洞的感觉。

认真研读这篇通讯不难发现，问题主要在于记者采访的"面"太窄：仅围绕"保安叶善富是如何当上老师的"和"保安叶善富是如何上课的"这两个问题，采访了学校的相关负责人和叶善富本人。

事实上，这个题材完全可以扩大采访面，加入学生上课的体会、学校其他老师的评价、学生家长甚至教育部门如何看待学校聘任保安当教师等方面的内容。如此扩"面"采访后，记者便不会再无内容可写，作品也一定会更加充实。

扩大采访面，不仅仅是为了让稿件的内容更加丰富，有时候还可以让稿件的内容更加完整。

2020年10月16日，《丽水日报》4版刊发的《久病床前有孝子》一文，讲述的是王实建和王实旺这两位农民兄弟，30多年不离不弃、细心照顾患精神病母亲的感人故事。记者第一次报题时该题并没有通过，原因是记者只了解了兄弟俩很孝顺，但是他们的妻子是否孝顺却不得而知。

在广大农村，男人仍然是家庭的主要劳动力，平时在家照顾老人和孩子的工作，更多还是由媳妇来承担。因此，这个题材如果仅仅采写两兄弟孝顺母亲，是不够完整的。读者很容易联想到他们的媳妇是不是不孝顺，所以只能由儿子来照顾？

再次报题时，记者已确定两兄弟的妻子都很孝顺婆婆，但她们嫁过来的时间较短，该选题的采写方向仍然是"孝子"而不是"孝媳"。虽然如此，在这篇稿件当中，仍需采访两位媳妇，并给予适当的篇幅。

记者提交稿件后，根据编辑的建议，又额外补充了一个"采访面"——简单交代当地政府多年来对这位患有精神病的母亲的关心和帮助。如此，使得《久病床前有孝子》这篇弘扬社会主义核心价值观的通讯，变得更加完整。

写作做"减法"

对于一个老记者来说，一般不担心稿件写不长，譬如前面提到的《"竹韵博物馆"里的"新老师"》，记者采访后觉得没什么内容可写，仍然能写出2700多字。实际上，老记者要担心的，反而是"如何把稿件写短"。

如果说"多采"是工作态度层面的问题，那么，"少写"则是能力水平层面的问题。这里所说的"少写"，指的是用尽可能少的篇幅，把最精彩的内容呈现给读者。换句话说，"少写"就是要写短小精悍的文章。这也是移动互联网时代背景下，碎片化阅读对传统媒体内容提出的新要求。

那么，采访阶段做"加法"得来的大量庞杂的素材，写作时又该如何做"减法"?

一是要扣题选材。

上学时,语文老师常常会在作文课上反复强调一句话:紧扣主题写作。实际上,这也应成为每位记者写稿时,时刻提醒自己的一句话。新闻写作,从某种程度上讲,就是命题作文写作。它要求行文过程中,紧紧围绕主题展开叙述。

实践当中,记者写稿完全偏离主题的情况很少见,但是把主题写"散"的情况却普遍存在。究其原因,主要是没有很好地做到扣题选材,把一些看似与主题有关,实际上却是"累赘"的材料写入文章。

比如2020年12月21日《丽水日报》3版刊发的长篇通讯报道《探路记》,其原稿就存在"铺垫冗长,切题不够迅速"和"面面俱到,不善割舍材料"这样两种把主题写"散"的情况:

"80后乡村青年周功斌,考上大学时靠村民捐款才凑足学杂费。大学毕业后,他考上公务员,并在工作地杭州买房结婚生女。2017年,他毅然辞职卖房,回到家乡发展汽车越野,打响了遂昌境内的'浙西川藏线'品牌,成功探索出一条独特的振兴乡村之路。"

这是《探路记》一文的故事梗概,记者写到主人公开始探索汽车越野之路前,却花去全文一半的篇幅写他之前的探路经历,包括种植大樱桃、"八月炸",养殖石蛙,开发瀑布发展观光旅游等。实际上《探路记》中的"路",应该明确为"发展汽车越野"这条乡村振兴之路。前面的探索都只是铺垫,并不是真正的主题。修改后,这部分内容作为背景材料,仅用画线部分这样极简的一句话进行了交代,然后便迅速切入如何发展汽车越野这一主题上:

　　<u>从2014年开始，他先后带领村民种植过大樱桃、"八月炸"（当地一种野果），养过石蛙，开发过瀑布旅游。</u>然而，每一次尝试都失败了。不仅村民们没有收益，他更赔进去了多年的积蓄。

　　…………

　　事情出现转机，是在2016年年底。

　　"搞农业，遂昌是山区县，尤其是你老家这样的乡村，不能形成规模化生产；再说，农业主要靠天吃饭，丽水又毗邻温州，台风年年有，洪涝灾害很容易让一切努力白费。我看你老家山高路陡，不如搞越野试试。"

　　说这话的是一位玩汽车越野的朋友，叫蔡鑫，杭州一家企业的高管。

　　此外，"面面俱到，不善割舍材料"也是许多记者经常会犯的错误。在采访过程中，获得了大量的素材后，发现很多例子都非常精彩，总觉得不写进稿件太可惜了。《探路记》一文的原稿，就存在这样的问题：周功斌通过发展汽车越野振兴家乡之后，许多地方慕名邀请他为当地开发项目。他先后帮助丽水市莲都区峰源乡和湖州市安吉县宋村乡，成功开发了越野露营路线和越野比赛基地。《探路记》一文的原稿对这两个案例，都进行了详细的叙述。

　　实际上，这两个案例对文章主题所能起到的作用是类似的，即佐证周功斌"探路"成功。然而认真分析后会发现，《探路记》的主题应当"收拢"在主人公为家乡遂昌乡村"探路"上，文中对遂昌乡村这几年的变化以及村民增加情况的描写，已有力证明了主人公"探路"成功。因此，莲都区和安吉县的例子材料，完全可以舍弃。否则，主题就被写"散"了。

二是要提炼语言。

新闻写作做"减法"，就像给一件湿衣服脱水："扣题选材"是用手拧衣服，可以挤去大量的水分。但此时的衣服仍有不少水分，如果把它放进洗衣机，还可以甩得更干——这就像"提炼语言"的过程。

一篇稿件写成后，通过对语言的提炼，删除那些可有可无或者与上下文的逻辑关系不够紧密的内容，再把一些烦琐啰唆的内容用简洁的语言表述出来，就可以进一步缩短篇幅，使稿件变得更加短小精悍。

2020年5月15日，《丽水日报》3版刊发了人物通讯《聋哑人叶桂：自强不息送外卖》。该文的原稿当中有这样一段内容：

> 当记者提出要跟踪采访时，叶桂表示手头单子多，他的时间紧、速度快，一般人很难跟上。记者要是开汽车跟他肯定会跟丢，得选择电动车才行。①耐不住记者的一再坚持，在站长叶栋的协调帮助下勉强同意，并再三嘱咐记者要注意安全。
>
> ②身材瘦削的叶桂走起路来像带着风，速度非常快。

上述文字当中，句子①显然比较啰唆，完全没有必要去说明"过程"，即叶桂刚开始不同意记者跟踪采访，后来在站长的劝说下才勉强同意。因为"多此一举"，对文章不仅无益，反而会给读者留下类似"记者为了采访，影响采访对象的工作"这样的负面印象。句子②则显得非常突兀，放在这里与上下文都不衔接。修改后，这段内容会更加紧凑：

当记者提出要跟踪采访时,叶桂表示手头单子多,他的时间紧、速度快,一般人很难跟上。记者要是开汽车跟他肯定会跟丢,得选择电动车才行,并再三嘱咐记者要注意安全。

再看另外一个例子。《樊苏静:创新老手艺,点亮新生活》这篇人物通讯,刊发在2020年5月15日《丽水日报》5版上,记者在原稿中写道:

> 为什么能一直坚持着?
>
> 樊苏静打开一个纸盒,翻出了几件压箱底的刺绣作品。刺绣精美的婴孩上衣、帽子、彩带,③令记者的呼吸一滞,接着睁大了眼睛。这是樊苏静的奶奶留给她的。老人压箱底保存了几十年,最后决定把这辈子最好最得意的作品留给孙女。
>
> "这是奶奶的遗物,很珍贵。几十年过去了,还是美得让人心跳加速。看着这些作品,我愈加坚定了自己的想法。"她对记者说。
>
> ④因此,当机器批量生产代替低效率的传统刺绣,当很多传统老手艺远去的时候,樊苏静们依然选择沉下心,用双手赋予作品温度和灵魂,用心和手守护传统老工艺的传承,推动民族文化的复兴。

这部分内容,记者想表达的意思是:在电脑可以批量刺绣的今天,樊苏静为什么还坚持学习手工刺绣?樊苏静给出的答案是奶奶精美的刺绣作品,坚定了她学习手工刺绣的想法。理清思路后,我们可以发现上文当中存在的两个问题：

句子③的语言过于"浮夸"且不够凝练，完全可以简洁地表述为"令记者叹为观止"。句子④则与前文不存在因果关系，内容牵强，且语言风格与前后文完全不同，因此可以整句删除。

版面"隐语"要谨小慎微

2020年国庆中秋长假后，网络上流传出一张《广州日报》纸质报的版面照片。照片内容显示，2020年10月11日《广州日报》转发了新华社10日的一篇报道，该报道标题为《旺盛内需潜力不断释放 广东省长假"成绩单"亮眼》。

这篇报道大意是：随着疫情防控形势向好，8天的国庆中秋长假期间，广东省消费市场迅速回暖，受疫情冲击严重的交通、旅游、餐饮等行业有序恢复，增长、增幅较大，旺盛的内需潜力正不断释放。

通读该报道的正文内容，文字简练、逻辑清晰、叙述准确，其问题出在标题上——广东省长假"成绩单"亮眼。有网友戏称自己的"语文学得不好，不知道如何断句、多音字如何读"。

显然，结合报道内容，这句话要表达的意思是无须解释的。但正因为"长"字有"cháng"和"zhǎng"两种读音，加上不同的断句方式，"广东省的长假'成绩单'亮眼"也可以误读为"广东省长的假'成绩单'亮眼"。广州日报社自然也发现了这一问题，继而将《广州日报》数字报对应报道的标题改为《旺盛内需潜力不断释放 广东长假"成绩单"亮眼》。

上述案例给我们一个警示：新闻报道要警惕"隐语"。这里所说的"隐语"，是指除了文字明确要表达的含义之外，可能引起的其他理解。新闻报道的"隐语"，轻则造成不良的影响，严重的就是重大的政治性差错。

在具体的实践当中，传统媒体对文字的把关比较严格，因此新闻报道中出现"隐语"的情况并不多见，反而是报纸版面的"隐语"很容易出现意外。因为版面的设计和编排本身就是一种"无声的语言"，它是通过非文字的语言信号，无声地传达出编辑思想和组版意图，产生出一种类似电影画外音的独特语言效果。

与文字"隐语"总是产生与作者本意相违背的含义不同，版面"隐语"并不都是负方向的。譬如，遇到重大的喜庆报道时，我们经常会给头版的文章标题套红、内版的文章设计红色基调底纹或报头等。因此，我们接下来所有讨论的版面"隐语"，并不是这种正面的、有意为之的"隐语"，而是指负面的、与编辑意图相违背的"隐语"。

2019年12月17日上午，松阳县新兴镇安路源机制砂有限公司矿山山体塌方，初步排查现场施工人员17人中有3人失联，公司厂房（2000余平方米）被埋。事件发生后，丽水市委市政府主要领导批示要求争分夺秒实施抢救。18日出版的《丽水日报》在1版头条位置刊发了题为《松阳县发生一起矿山山体塌方》的消息稿件。

"截至发稿时，3名失联人员尚未找到，救援力量正在全力搜寻施救中。"显然，这是一件让人揪心的事情，读者看到这一新闻时的心情是紧张而又担忧的。这是当日报纸最重要、最引人注目的新闻，可以说也因此确定了报纸版面肃穆的主基调。

然而在版面初排时，紧贴《松阳县发生一起矿山山体塌方》下方的，

是这样一则图片新闻:

> 日前,遂昌县北界镇至高坪乡公路两边的乌桕等树木的叶子色彩斑斓,美不胜收。近年来,该县注重乡村公路生态维护和建设,坚持公路发展与生态环保并举,路景结合,逐步形成了乡村公路一季一景、一段一景的美丽格局。

无论是五彩斑斓的图片本身,还是"美不胜收"这样的文字说明,都与头条稿件的基调不协调。读者看到这样的版面,心中很可能会产生不适感:"矿山山体塌方失联的3名施工人员还没找到,你们的报纸却发这样喜庆的照片?"为此,我们撤下了这张图片,换上了一张举办书法展览的图片。"宁静的展厅内,乳白色的墙上,挂着几幅黑色的书法作品,一群穿着灰黑色衣裤的参观者正全神贯注地欣赏着。"这张新闻图片整体上呈现着庄严的冷色调,与头条稿《松阳县发生一起矿山山体塌方》的基调很是吻合。

巧合的是,两天后刚好是澳门回归祖国20周年。12月20日夜班在安排第二天报纸的1版稿件时,由于有市委书记的稿件位置不能处理太弱,庆祝澳门回归祖国的新华社通稿《庆祝澳门回归祖国20周年大会暨澳门特别行政区第五届政府就职典礼隆重举行》,只得做一个标题套红的头条,正文和图片在内版刊发。

为在1版上营造出喜庆的氛围,我们想到了此前撤稿的图片新闻:一是该图片新闻不是事件性内容,时效性不强;二是该图片视觉效果偏向暖色调,五彩斑斓的风景美不胜收。试想:18日和21日的报纸,两张新闻图片互换,受版面"隐语"的影响,读者阅读时的体验肯定会大打折扣。

前面列举的案例，并不难把握，只要遵守"悲不见喜，喜不见悲"这样一个原则即可。但是，下面这个案例，相对来说其版面"隐语"则更加隐蔽，稍不留神很可能就放过去了：

2017年10月党的十九大召开前夕，新华社推出了"党的十八大以来历史性变革系列述评"文章，《丽水日报》连续转载了这一系列文章。10月11日晚夜班时，12日出版的《丽水日报》"天下"版安排转载《掀起改革新浪潮——党的十八大以来历史性变革系列述评之三》一文。

大样出来后，我们发现该版底部三分之一是长方形排版的分类广告。外加线框的分类广告与上面的《掀起改革新浪潮》一文是俨然分开的，然而紧跟《掀起改革新浪潮》之后，竟然排了一个加了粗黑线宽的"讣告"，显得特别的刺眼。

"讣告"是人死后报丧的凶讯，在如此重要的文章后面刊发凶讯，很容易给人造成误解：是不是有意为之？为此，我们进行了相应的调整。

"讣告"是具有很强时效性的，不像其他广告可以推迟一天刊登。既然不能撤稿，最理想的是换到其他内版。然而，当日报纸其他内版是一个整体的策划，主题是"喜迎十九大"，单独放一个"讣告"显然也不妥当。

最后，我们的处理方式是：将版面分成6栏，《掀起改革新浪潮》一文排在版面左侧4栏，并在下面安排了中央文明办和国家旅游局的公益广告图片《文明旅游——每一个人都是一道亮丽的风景线》。这一广告图片画面精美温馨，与《掀起改革新浪潮》的气氛融洽。而版面右侧2栏则分成上中下三部分，上面部分转载一则新华社稿件，中间部分把原先横排长方形分类广告竖起来，然后在最下面安排"讣告"。

经过调整,即让"讣告"远离《掀起改革新浪潮》一文,又用公益广告图片衬托气氛,尽可能将负面的版面"隐语"的影响消除到最低限度。

本文所举的新闻案例,也许有人会说"这也太小心了,没必要这样谨小慎微"。我们认为,媒体人就是要有如履薄冰的心态,谨小慎微地对待每一个版面,防止版面"隐语"给我们带来不必要的麻烦。

不易察觉的"表达重复"

新闻报道的严谨性，不仅体现在记者采访时客观公正的立场上，同时也反映在写作时所运用的每一个文字和标点符号上。

先秦时期的宋玉，曾这样形容东家之子的美："增之一分则太长，减之一分则太短；著粉则太白，施朱则太赤。"好的新闻报道也理应如此：增一字显得啰唆，减一字便词不达意。

因此，在写作稿件时，记者和编辑要有"咬文嚼字"的精神，对每一个字、每一处标点符号都反复推敲，确保它们的必要性和准确性。

然而，在长期的新闻编审实践过程中，我们经常发现记者的稿件当中，隐藏着一些不易察觉的"表达重复"。其中，最为常见的是"概数重复"。

①同时，龙南乡积极打造龙南"高山900蔬菜"品牌，提升50亩以上蔬菜基地3个、50亩水果基地1个、50亩以上茶叶基地1个，形成高山玉米、番茄、四季豆等优势品种齐发展的新格局。而今，全乡有30多家农业专业合作社从事蔬果种植、畜牧养殖、农产品加工等，年经营收入<u>约540余万元</u>。

（2020年5月20日《丽水日报》3版
《龙泉龙南：农耕小镇惠民生》原稿）

②我市立足侨乡实际，在2002年就正式提出实施华侨要素回流工程。据不完全统计，撤地设市20年来，丽水籍侨胞在丽水投资的项目近千余个，投资总额达293.12亿元，ABC童装-起步（中国）有限公司、莲都外国语学校、高乐冒险岛水世界等一批一、二、三产重大项目拔地而起，988名侨界人才荣归故里创业创新。

（2020年7月25日《丽水日报》1版
《红色党旗，引领高质量绿色发展》原稿）

③目前，在赤石玫瑰小镇，全长约500米，总投资达150多万元的旅游环线提升项目入口景观工程正在抓紧施工。据了解，赤石乡美丽城镇建设工作主要涉及赤石村，项目总投资约900多万元，包括赤石旅游环线提升、小弄坑商贸中心提升、旅游环线路灯安装、电力管线改造等8个项目。

（2020年11月4日《丽水日报》1版
《云和赤石打造"浪漫婚纱"风景线》原稿）

④新刘村的张关明，是村里的茶叶加工大户，春茶上市期间，每天至少要收茶青500余千克。他说，夜间市场的开放，让本地的茶叶加工户实实在在地享受到了方便——不仅解决了本地茶青数量有限的问题，同时夜间茶青的价格稍低，也降低

了加工户成本。

（2021年3月10日《丽水日报》3版

《松阳新兴：上安茶青市场全天候服务茶农茶商》原稿）

上文4个例子中，5处画线部分存在的问题类似，即"概数重复"。

例①中，"约"和"余"都是概数，但前者的范围更为宽泛，可以是不到540万元，也可以是超过540万元；而后者的范围则只能是超过540万元。因此，在编辑时我们删除"余"字。

例②中，"近"和"余"同样都是概数。所不同的是，这里不仅概数重复了，同时还存在"概数矛盾"的问题。"近"表示不到，但接近，譬如999，就是"近千"；"余"表示"超过""多于"，在例②中表示不止1000个。因此，"近千余个"本身是矛盾的表述，编辑时，我们让记者重新核实情况后，删除了"近"字。

例③中，"达150多万元"和"约900多万元"，刚好汇集了例①和例②中存在的两方面问题。"达"是"达到但没有超过"的意思，而"多"是超过。因此，"达150多万元"也是矛盾的表述，编辑时删除了"达"字。至于"约900多万元"，和例①的问题完全一样，删除其中一个概数即可。

例④中，"至少"和"余"也是重复的两个概数。结合原文，前者是大于等于500千克的意思，后者则是大于500千克的意思。类似的重复还有"至少……以上"。

和"概数重复"比较类似的，还有"时间重复"。

⑤这项全新市场容错机制获得了债权人、债务人、融资方

及相关利益共同体的普遍认可。<u>截至目前，遂昌法院上半年共计化解了65件执行案件和3件诉讼案件</u>。27名债务人共计清偿标的额共336.5万元，64名债权人得以实现债权。

（2020年7月22日《丽水日报》1版

《25名遂昌人通过"个人债务重整"摘下"老赖"帽子》原稿）

例⑤画线部分属于"时间重复"，该文刊发于2020年7月22日，"目前"指的是7月22日；而"上半年"则指的是2020年1—6月。

那么，"截至目前，遂昌法院上半年共计化解了65件执行案件和3件诉讼案件"这句话，到底是"2020年年初到7月22日，遂昌法院共化解了65件执行案件和3件诉讼案件"，还是"2020年1—6月，遂昌法院共化解了65件执行案件和3件诉讼案件"？

经与记者核实，稿件刊发时，删除了"上半年"这3个字。

其实，上述几种"表达重复"相对来说还是比较简单的。更加形式多样的是"语义重复"：

⑥<u>截至目前为止</u>，华侨微信群总人数多达6000人，基本覆盖每户海外华侨户代表，确保华侨声音能及时传达；群内设置专人进行管理，由威望高、有公信力的华侨担任群主，联村领导、驻村干部以及为侨服务联系人担任"信息员"角色负责信息收集进行辅助管理。

（2020年7月29日《丽水日报》3版

《青田阜山乡涉侨服务"一条信息全覆盖"》原稿）

⑦徐哲华的工作室，在龙泉青瓷博物馆附近。一条斜斜向下的小径尽头，有栋老房子，偏房汪汪大叫的土狗，叫人望而却步。听到狗吠，两手沾泥的徐哲华闻声走出来，对着来人腼腆一笑。

（2020年7月10日《丽水日报》3版
《2020年，龙泉青瓷的"变"与"不变"》原稿）

⑧"自从社区远教站点提供专家来料加工知识课后，我就经常过来学习，不用咱花一分钱就能学到实用技术，真是太棒了！"日前，在龙泉剑池街道大沙社区，刚结束完远教站点学习的林杰开心地介绍道。

（2021年2月8日《丽水日报》1版
《龙泉269个远教平台架起百姓学用"连心桥"》原稿）

⑨田根勇说，2020年的蜂蜜以每公斤300元价格，早已畅销一空。因为品质好，每年收割时节，杭州、上海、福建等地的朋友就会来农场购买，为保证品质，他依据周边蜜源情况，决定不再扩大养殖规模。

（2021年3月3日《丽水日报》3版
《"蜂鱼谷"里蜂飞鱼欢》原稿）

例⑥至例⑨这4个例子，都属"语义重复"，但情况又有所区别。其中，例⑥和例⑦的"语义重复"，属于明显的语病，必须修改。例⑧和例⑨的情况又稍稍复杂一些。具体来说：

例⑥中的"截至"和"为止",实际上是新闻写作中的一对"老冤家",许多记者和编辑时常混淆其用法。其实,把"为止"换成"截止",我们就非常熟悉了——根据《现代汉语词典》的解释,"为止"的意思是"截止;终止(多用于时间、进度等)"。

如此,就回到"截至"和"为止"这两个词语的使用上来。前者的意思是停止于某期限,但是并未结束,后面仍继续;而后者表示到某个时间停止,强调"停止",不会再有后续了。由此可见,例⑥中的"截至目前为止",不仅存在"表达重复"现象,同时还是互相矛盾的。而根据下文,显然可以判断出,华侨微信群总人数今后还会继续增加的,所以,我们编发时,删除了"为止"。

例⑦中的问题是"听"和"闻"这两个字是同义词,修改起来比较简单。但是,这里还涉及这段话简洁性问题,即"偏房汪汪大叫的土狗,叫人望而却步"这一句显得有些多余,因此在编辑过程中,我们对整段文字进行了删改:

> 徐哲华的工作室,在龙泉青瓷博物馆附近。一条斜斜向下的小径尽头,有栋老房子。两手沾泥的徐哲华闻声走出来,对着来人腼腆一笑。

例⑧其实有两处的文字存在"语义重复"的现象,一处是"结束完",另一处是"介绍道"。前者"结束"和"完"同义,删除"完"字即可;后者"介绍"和"道"都有"说"的意思,虽然在这里不算明显的语病,但为表述的简洁性,可以去掉"道"字。在不少新闻稿件当中,类似的用法还有"某某某介绍说""某某某说道"等,其实最简单的处理方式，就是统一改成"某某某说"。

例⑨与前面的8个例子稍稍有所区别，"畅销一空"中"畅销"和"空"本身并不是同义词，但细细品味，这4个字也属于"表达重复"：既然某一东西很畅销，自然就不存在积压的问题，也就是说都能销售完——空。因此，我们在编辑时，将"畅销一空"，改成了"销售一空"。

"摆准"写作对象的位置

　　在职场当中,"什么身份说什么话、做什么事"是有共识的,不能超越本分行事。它既表明了一个人的外在身份,也显示了一个人的内在修养。

　　汪曾祺曾在《沈从文先生在西南联大》一文中,对他的老师沈从文常说的一句话——"要贴到人物来写"进行过阐述。其中,他说:"作者的叙述语言要和人物相协调。写农民,叙述语言要接近农民;写市民,叙述语言要近似市民。"

　　上述看似风马牛不相及的两个例子,实则有异曲同工之妙,对我们的新闻采访和写作具有"标尺"的意义:前者告诉我们的采访对象,做人要清醒地认识到自己的身份和位置,什么身份说什么话,什么位置办什么事;后者则提醒我们的记者,写稿时要"摆准"写作对象的位置,不能"错位"。

　　实际上,无论我们的采访对象在接受采访时是如何介绍自己的,他们所说的只是写作的素材,如果其中存在"身份认知"的偏差,记者在写稿时,必须进行"纠偏",继而"摆准"其位置。除了记者之外,编辑也同样要有"纠偏"意识,一方面是纠正记者来稿当中的"漏网之鱼",

另一方面是纠正读者来稿当中的偏差。

在新闻采编过程中，我们经常遇到稿件当中存在以下两类"身份认知"的偏差。

"说"的偏差

"说"的偏差，主要是指稿件中所引用的采访对象所说的话，不符合其身份地位，或与媒体层级不匹配。

2020年初，面对突如其来的新冠肺炎疫情，在党和政府的领导下，全社会众志成城，投入战"疫"当中。而报道社会各界抗"疫"的典型，是当时媒体的一个重要任务。3月6日，《丽水日报》在6版刊发了一篇题为《好邻居才是最强大的"朋友圈"——莲都区白云街道凌云花苑业主抗"疫"记》的通讯，该文原稿中有这样一段话：

> 接官亭社区杨初春书记对凌云花苑给予了很高的评价，他说："凌云花苑这个小区虽然'小'，但在整个疫情防控中有出色的表现，真正让人刮目相看。由此可见，该小区的业主素质都很高，业委会的威信也很高，这不仅在接官亭社区中极少见，在整个莲都区也数一数二，确实值得点赞！"

这篇通讯写的是凌云花苑这个只有4幢房子126户住户的小区，如何在疫情发生后第一时间行动起来防控疫情的故事。当时，全市的村社都已经进入了严密的防控状态，该小区的防控工作的确做得比较好。但是，社区书记杨初春的评价显然"过头"了。

杨初春是接官亭社区的书记,他如何知道凌云花苑的疫情防控工作比其他社区、其他乡镇街道做得好?即便事实如此,他也没有这个权威评价其为"整个莲都区数一数二"。换句话说,他的身份和地位,不适合下这样的结论。可以站在全莲都区的高度来做出这样评价的人,至少也得是莲都区部门的领导。

因此,在编辑过程中,我们对原稿进行了修改,使得杨初春的话更加符合其身份:

> 接官亭社区党委书记杨初春说:"凌云花苑虽'小',但在整个疫情防控中的出色表现,让人刮目相看。可见,该小区的业主素质都很高,业委会的威信也很高。"

类似问题也出现在《丽水日报》2020年3月18日3版文章《青田大路村:战"疫"大喇叭传乡音》当中:

> "这是全省首个采用农村指导员工作经费,投入指定指导村进行基础设施建设的案例。"丽水市农业农村局经管处处长苏明告诉记者,大路村接下来的疫情防控工作,"村村通大喇叭"的"大嗓门"一定能持续发挥大作用。

《青田大路村:战"疫"大喇叭传乡音》是一篇宣传稿。青田是著名的侨乡,新冠肺炎疫情发生后,许多在国外的华侨纷纷回到家乡。为了做好疫情防控的宣传,丽水市派驻青田的农村指导员,决定用农村指导员工作经费为所驻村购买大喇叭。

在这篇文章的结尾，为了凸显购买大喇叭这件事的意义，记者采访了农村工作指导员的组织管理单位之一的丽水市农业农村局。"这是全省首个采用农村指导员工作经费，投入指定指导村进行基础设施建设的案例。"苏明是丽水市农业农村局的处长，而非浙江省农业农村厅的处长，但是他所说的话，却明显透露出省厅处长的"站位"。

除非这是省厅的结论，苏明只是在转述，否则就太过武断了。后经编辑核实后，将"全省首个"改成了"全市首个"。

上述案例是采访对象所说的话，与其身份地位不符合。实际上，在实践当中我们还碰到另一种情况，即采访对象所说的话本身没有问题，但与报道的媒体层级不匹配：

> 发展成就鼓舞人心，开拓奋进书写新篇。两会精神传达到<u>百山祖国家公园的最美核心区</u>，庆元县百山祖镇镇长甘庆军表示："我们将落实最严格的生态保护制度，不断激发绿水青山赋予的生态潜力，精耕细作'百山祖1856'高山农产品品牌建设，深入谋划百山祖植物苗木产业项目，以生态产品价值实现激活绿色发展新动能。"

上面这一段落，来自《新目标引领新方向 新机遇召唤新作为 市两会在全市各地引发强烈反响》一文。这是2021年2月丽水市两会期间的一篇消息，后来因为稿件中存在各种问题并未见报，其中一个问题就是没有"摆准"写作对象的位置。

百山祖国家公园虽然以庆元县的百山祖镇境内的江浙第一高峰百山祖命名，但实际上它的范围还涉及景宁畲族自治县和龙泉市。创建百山祖国家公园需三个县（市）共同努力，在这过程中，每个县（市）都可以提出自己的目标，并在县（市）域内自称"最美核心区"。

对此，庆元、景宁和龙泉当地的媒体，都可以在报道中自称为"最美核心区"；但作为市级党报，《丽水日报》直接称庆元县百山祖镇为百山祖国家公园的"最美核心区"，显然是不够严谨的——市级层面并没有做出权威的认定，这样的报道刊发出去，其他两个县（市）肯定不会认可。这就是上文所说的"稿件中所引用的采访对象所说的话，与媒体层级不匹配"问题。

"做"的偏差

"做"的偏差，主要是指新闻稿件当中所写的事件，在现实当中不符合写作对象的身份，是其所不可能做到或者不适合做的。这里的写作对象，可以是个人，也可以是组织。

而在所有"做"偏差当中，最为典型的是，把本该属于集体甚至是上级做的事，功劳都归到写作对象的身上。先来看《丽水日报》2020年12月18日4版《杨国平：12年扶贫路，喜看增收景》一文原稿当中的几个片段：

①12年来，在他和所有人的努力下，莲都区摘除欠发达县帽子，全面消除"4600"现象。全区贫困人口减少三分之二，全区农民人均收入连续23年全市第一。

②由于常年加班，才47岁的杨国平头顶微脱，头发白了一

半，耳朵听力严重下降，看上去比实际年龄大，很多人开始称他为"老杨"。

从"小杨"到"老杨"，他却觉得值——

近年来，莲都区扶贫工作取得了一个个好成绩：2015年与全省同步摘除欠发达县帽子，全面消除"4600"现象；2018年26县发展实绩考核全省第五名；全区低收入农户人均收入11年来增长3.57倍，贫困人口减少三分之二，全区农民人均收入连续23年全市第一。

③莲都区原是浙江省26个加快发展县之一，全省扶贫开发的主战场和最前线。杨国平充分结合当地环境等因素，下数番"绣花功夫"，想出多个脱贫致富的"好方子"，蹚出了一条全面小康的"新路子"。

④杨国平不仅为"摘穷帽"把脉开方，还竭尽全力帮助山区群众"挪穷窝"，让山区群众过上幸福新生活。

⑤12年来，杨国平共牵头实施易地搬迁10012户23912人，其中整村搬迁209个自然村5454户12420人；投资29亿多元，新建联城城郊农民新社区、大港头镇金港小区、老竹镇学埔小区、丽新乡畎岸月山小区等26个安置小区（点），极大改善了山区农民的生产生活条件。

上述5个片段，分布在《杨国平：12年扶贫路，喜看增收景》一文当中的各个部分里。如果我们单独看这些内容,很可能会觉得本文的写作对象——主人公杨国平肯定是莲都区主管扶贫工作的领导。因为这些文字给人的感觉,记者写作的"站位"就是莲都区全区的高度。

实际上,杨国平只是莲都区农业农村局扶贫开发科的一位干部。

2020年是脱贫攻坚收官之年,当年12月,我们联合丽水市农业农村局策划推出了4个整版的人物报道,宣传在全市脱贫攻坚战中表现突出的扶贫干部,杨国平就是其中的一位。应该说,杨国平的事迹本身还是比较典型的,因此他被推荐为2020年全国脱贫攻坚贡献奖候选人。

正因为事迹典型,记者洋洋洒洒写出了这篇3300多字的通讯。总体来说,该通讯的故事性和可读性都很不错。可能是为了突出成就,记者写稿时没能很好地"摆准"杨国平的位置,在稿件中出现了上述大量不恰当的描写——这些功劳,应该属于莲都区全体扶贫干部,甚至是整个莲都区。尤其是片段⑤的这些扶贫成就,是唯有举全区之力,才能做到的事情。

为此,在编辑此稿时,我们删除了上述5个片段当中的画线部分。

再来看下面3个片段:

⑥1985年5月4日,青田县集邮协会成立……当时,青田县邮电局主管邮政业务的副局长兼集邮协会会长华家雄同志指示青田集邮协会,把青田石雕列为重要地方题材邮票选题向省邮票公司推荐。

⑦1989年11月25日晚上8点30分,中共青田县委书记李林访、人大常委会主任王志溪、县长周汉光等领导赶到海军疗养

所拜访了许宇唐局长，向他提出青田石雕精品上邮票的<u>要求</u>，另外提供了一件精美的青田石雕作品以及青田石、青田石雕的有关资料。

（2021年3月8日《丽水日报》3版

《石雕邮票铸丰碑——亲历〈青田石雕〉邮票发行》原稿）

⑧值得一提的是，市委组织部干部综合处还组织开展援派故事宣传……与此同时，在省担当作为好干部<u>评选</u>和"丽水之干"系列先进典型人物评选表彰中，重点考虑扶贫协作挂职干部，多措并举形成关心关爱扶贫协作干部人才的浓厚氛围。

（2021年3月3日《丽水日报》1版《为推动东西部扶贫协作保驾护航

——记"全国脱贫攻坚先进集体"市委组织部干部综合处》原稿）

《石雕邮票铸丰碑——亲历〈青田石雕〉邮票发行》是一篇读者来稿，由于该作者系原青田县邮电局办公室主任，特殊的"站位"，使得他在写稿过程中，把自己的身段放得很低，而把直属领导和县领导看得很高。正因为此，作者在片段⑥和⑦中使用了两个与写作对象地位很不合适的动词，即"指示"和"要求"。

单从语义上看，"指示"和"要求"并没有明显的错误，但在实践当中，其语气存在问题，具体分析如下：

先说说"指示"。在新闻报道中，能做出"指示"的写作对象，一般来说都是级别比较高的领导干部，最起码必须是当地党政的主要领导。青田县邮电局副局长是科级干部，在市级党报上使用"指示"显然是不合适的。

再来看"要求"。根据前文介绍,许宇唐系时任国家邮电部邮票发行局局长,厅级干部。因此,他比青田县委书记、人大常委会主任和县长的行政级别要高。此外,是青田有求于邮票发行局。因此,文中使用"要求"一词,显然也是不恰当的。

在编辑过程中,我们把片段⑥中的"指示"改成了"要求",片段⑦中的"要求"则改成了"请求"。经过修改之后,阅读起来更加得体大方。

片段⑧当中的问题则更加明显:省担当作为好干部是由省委组织部组织评选的,市委组织部干部综合处没有权力评选,只能推荐、推选丽水的好干部。

因此,我们把"评选"改成了"推选"。

后记

　　庚子鼠年春，我从乡间老家返城上班。彼时，新冠肺炎疫情似有翻江倒海之势，各地从严防控，即便从本市县里回来的，也需居家隔离14日。

　　那是一段难挨的光阴，人不仅怀疑着窗外是否会冷不丁飘进来幽灵般的冠状病毒，还承受着那锁身孤岛不得自由的压抑感。身体的活动范围受到了限制，思想的马匹却恣意开来。

　　年轻时脑壳内装的永远是憧憬，是未来；40岁后，或更早些年，我便开始热衷于回忆了。尤其是那几日有大把独处的时光，更是细细碎碎地咀嚼了一遍人生来时之路。

　　尔后我给自己下了个定义：一只笨鸟，一路上比一部分人多飞了些许的笨鸟。

　　我生长于浙西南如褶皱般的大山中，可寻迹的祖上，一辈子都围在方圆几公里内生活。即便是当农民，他们也属老实本分的那种，只会弓身向土地使劲，在人事上却无力得很。由此可断，我的人生绝无可倚仗的天资，仅一凡夫俗子而已。

　　基因如此，成长环境亦如是。

驾驭细节
新闻内容如何把关?

　　我八九岁上的村小,山高路遥学生甚少,老师都是初中毕业来代课的,且是复式教学——一节课要给两三个年级的学生上课。彼时小学还是五年制,村小只有两位女老师,一、二、三年级一位,四、五年级一位。体育课在尘土飞扬的一方泥地上,玩了5年老鹰捉小鸡,以至刚上初中时路过操场,被一只从未见过的篮球迎面飞来吓了半死。有一年老师颈部长了瘤,手术加休息历时一月有余,我们便跟着放了个长假。

　　亦是从上了小学开始,我就得跟着兄长、父祖上山砍柴、背树,到田间地头除草、放牛。这些活儿不要用到脑筋,只需多使劲便能干得更多些、更好些,进而得到父母和村中长辈的嘉许。

　　后来我从中摸出这么个道道来——上学校念书也如干体力活一般,多用劲就行。用成年后知晓的语词描述,或许这叫"勤能补拙",抑或是"天道酬勤"。但我更喜欢用"笨鸟多飞"这几个字来概括。

　　我这只山间的笨鸟,第一次得到小小的回报是"小升初"。20世纪80年代末,我们那里的初中还未普及。结果是那一年16人毕业,8人升了初中,8人入了社会。之后念中学、考高中、上大学,我一路都迫使自己多用劲:比别人笨一点,那就多使劲吧。

　　镌刻进了骨髓里的记忆,是高中时的努力。自高二始,我便清早摸黑起床,晚间熄灯后再去厕所路灯下背书。有几回遥遥望见巡夜老师,便绕着校园逃一圈,再回灯下继续喂蚊子,呼吸浓烈的臭气。

　　从小学起,我所念的学校在特定区域内都属"差的那一部分";中考、高考,我却又属侥幸的"少数的那几个"。回想起来,大抵是因为我比一部分人多用功了些许吧。

　　再说工作,也就是我一直所从事的新闻事业。大学毕业后,原本是分配到乡下中学当老师的。因为喜欢记者这个职业,于是放弃了事业编制，留在城里一家小报做了临时的新闻民工。

非科班出身，又是赶鸭子上架，我对新闻还处于懵懵懂懂的阶段，便又沿用了上学那些年的"老法子"，经常写稿到深更半夜。2年后，多飞的笨鸟再次得到了回报——我被"挖"到了后来一直工作至今的媒体。而就在我离开半年后，当初收容我的小报也关门歇业了。

从新闻"菜鸟"到采编部门负责人，我一直不敢懈怠，时时鞭策自己"多做一点"。而这些多出来的"那一点"，恰恰是没有人给你提要求、下任务的，比如新闻创优。我多数的新闻奖，都是近10年收获的。而此时已在中层岗位上，本无写稿的硬任务，但每年都给自己定采写目标。再比如论文写作。我逼着自己思考、总结、撰写，在《传媒评论》《中国记者》《新闻战线》等省级和国家级新闻核心期刊上刊发了10余篇文章……

写作《驾驭细节——新闻内容如何把关?》一书的念头，便萌发于2020年居家隔离的时期。那几日，回望梳理有记忆以来的人生历程，我发现自己是只比一部分人多飞了些许的笨鸟，所以就幸运地拥有了现在。

我对自己说，如果想拥有再幸运一些的未来，那便继续多飞吧。于是我给自己定了一个目标：用一年的时间，写一本12万字左右的书稿。

其实关于书稿的内容，早几年就有思考了。

做了部门负责人，尤其是走上集团编委的岗位后，主要工作便是审稿。长期看稿，我发现采编人员在采访、写作和编稿过程中，经常会反复犯同样的错误。究其原因，主要是采和编之间针对稿件的交流和探讨不畅。

具体来说，记者忙于写稿、做工分，稿件提交后只关心是否见报，却鲜少有人去比对修改的地方，并究其原因；而负责一二审的编辑，对二三审所做的修改,也照例不会去关心。这就有如学生不去看错题,反复在同一处栽跟头。至于改稿者,由于各种原因,也很少会主动向前端人员解释为什么这样修改。

如此,每个年轻的记者和编辑,都要靠自己用几年甚至十几年的光阴去摸索和积累。等他们在新闻战线上积累了不少采、编、审的经验后,却又默默退出了一线。这般循环着,显得很是可惜。

基于这样的思考,我曾想过要把编审过程中的体会心得记录下来,以便对年轻的同事起到一些"传帮带"的作用,但却迟迟没有付诸行动。

人的本性都是趋于安逸的,如若不给自己施压,许多事情永远都会停留在梦想阶段。既然决定要写这样的一本书,我便给自己限定了完成时间,并把任务分解到每个月,甚至每个星期——每月1万字,每周2500字。

这一写作过程是极其熬煎人的。一方面,白天要正常上班,看稿、开会、安排部门工作,且办公室嘈杂,很容易被打断思绪,只能安排在晚上和周末时间写作;另一方面,写作的内容理论性较强,与撰写素材丰富的新闻稿件不同,每一篇书稿实际上都相当于一篇论文——定选题、找例子,继而论证写作,每个环节都非常枯燥和"烧脑"。

2年前,我曾在所生活的这座城市跑过50千米的超级马拉松。当时,我在朋友圈写下过这样一句话:人生的困难在"超马"面前都是浮云。跑"超马"过程中那种熬煎和痛苦,我一辈子都不会忘记。

写作《驾驭细节——新闻内容如何把关?》,更是一场考验体力、脑力和意志力的人生超级马拉松。过去的这一年,我几乎每一个周末、每一个晚上都在办公室里度过。很庆幸自己这几年坚持长跑锻炼了意志,使得书稿没有半途而废。

如今终于完成了书稿，在字数上甚至还超过了12万的目标。实话说，我的内心里还是有那么一丝的自豪和喜悦——为自己这只笨鸟，又多飞了无比艰难的一程！

3年前暮春时节，我去清华大学学习一周，有幸聆听该校新闻与传播学院教授、博士生导师金兼斌授课。教授学富五车，道骨仙风，凡庸如我之辈本不该搅扰，是彼此姓名中的"金"字，给了我恳请作序的勇气。没想到教研繁忙、时光金贵的教授，竟然欣然应允，让我感佩不已。

书稿得以顺利出版，还要特别致谢我的领导和同事们，是他们的宽容大度，让我卸下包袱写作。毕竟，书稿的例子基本来自我们的报纸，其中一些篇章，从某种程度上"曝了家丑、揭了人短"。

无以为报，唯有日后继续做一只多飞的笨鸟！